노인학대 방지를 위한 가족지원기술

副田あけみ · 土屋典子 · 長沼葉月 공저
이영분 · 김현훈 · 조추용 공역

학지사

역자 서문

　치매노인 혹은 고령의 노인을 돌본다는 것은 개인, 가족, 사회, 국가 등 그 누구에게도 쉬운 일이 아니다. 과연 치매노인 혹은 고령의 노인 한 사람에게 소요되는 인력, 비용, 환경, 체계 등은 어느 정도나 될까? 정확히는 계산할 수 없겠지만, 고령사회로 빠르게 진행되고 있는 오늘날의 상황을 감안하면 학식의 유무, 경제력, 개인의 능력 등과는 상관없이 누구나 치매노인이 될 가능성이 있고, 또 그들을 누군가는 돌봐야 할 것이다. 특히 치매노인과 가까이 있는 가족의 육체적 · 정신적 고통은 말할 수 없이 크리라 생각한다.

　전통적인 사회에서는 가정 내에서 발생하는 거의 모든 문제를 가족에게 맡겼었는데, 그럼으로써 그 가족의 한계가 금방 드러나고, 가족의 기능을 강요하게 되면 어쩔 수 없이 방임이나 언어 · 심리 · 신체적 학대 등 의식하지 않는 가운데 더 큰 문제로 확대되고 만다. 따라서 외부의 적절한 정책적 · 제도적 지원 없이 가족의 기능에만 의존할 수 없는 실정이 되었다.

　이런 상황에서 고령사회를 우리보다 먼저 경험하고, 대상자의 처우와 그에 따른 제도 및 정책에 대하여 고민한 일본의 사례를 살펴보는 것은 매우 중요한 의미를 지닌다. 일본에서 발생하고 있는 가족의 노인학대에 접근하기 위한 '안심만들기 · 안전탐색 · 어프로치(AAA)'는 우리 사회에서도 그 유용성이 크다. 특히 현장에서의 구체적 사례를 통해 배울 수 있도록 구성된 이 책은 우리 사회복지 현장의 실무자들에게 큰 도움이 될 것이라고 확신한다.

　이러한 생각으로 역자들은 이 책을 번역하여 내놓기로 하였다. 역자들은 AAA

가 우리 사회에서 노인학대뿐만 아니라 아동학대 등 다양한 학대 문제에 적용 가능하리라 생각하며, 이와 동시에 좀 더 넓은 사회복지 실천 영역에서 AAA가 활용될 수 있기를 바라는 마음이다.

번역이란 또 다른 언어를 공부하는 일이라 할 정도로 작업하는 데 있어 여러 가지 어려움을 겪는데 우리도 역시 그러한 경험을 하였다. 특히 제도가 상이한 다른 나라의 용어를 우리나라의 실정에 맞추어 선택·번역하는 것에 많은 고민과 논의가 필요하였다. 최선의 노력을 다하였지만 여러 가지 미비한 점이 있을 것이다. 이에 대하여는 독자들의 지속적인 조언을 기대한다.

이 책의 번역을 허락한 대표 저자 소에다 아케미 교수와 이 책이 출간되도록 많은 협조를 해 주신 학지사의 김진환 사장님, 그리고 치밀한 편집과정에 큰 힘이 되어 준 백소현 과장님께 특별한 감사를 드린다.

역자 일동

한국어판 출간에 즈음하여

노인학대 사례를 대응함에 있어 사회복지사가 가장 힘들어하는 것은 학대하는 가족에 대한 지원입니다. 학대 여부의 판단 및 재발 방지를 위해서는 학대받는 노인뿐만 아니라 학대하는 가족의 이야기를 들어야 합니다. 그러나 학대하는 가족은 스스로 학대하고 있음을 인정하지 않을 뿐만 아니라 사회복지사와 얽히는 것을 싫어하는 경향이 강하기 때문에 사회복지사는 어떻게 해야 좋을지 망설이게 되며 곤란함을 느낄 수밖에 없습니다. 이러한 일은 한국에서도 똑같이 일어나고 있을 것이라고 생각합니다.

노인학대에 대한 대응에 있어 학대받는 노인을 가족과 분리하여 시설에서 보호하면 된다는 의견도 있습니다. 그러나 분리의 적절성 여부를 판단하기 위해서도 노인을 숨기려 하는 가족과 만나 노인이나 가족의 상황에 대해 이야기를 끌어내야만 합니다. 또한 긴급을 요하여 가족의 동의 없이 치매노인을 분리 보호해야 하는 경우에도, 노인의 상태가 안정되면 향후의 대책에 대해 가족과 이야기를 나누어야 합니다. 더욱이 많은 학대 사례에서 보면 학대하는 가족 자신이 질병, 장애, 실업, 빈곤 등 다양한 문제를 안고 있습니다. 재발 방지를 위해 이러한 가족의 문제에 대한 지원을 검토하기 위해서도 가족과 이야기를 나눌 수 있는 관계를 만들어 나가야만 합니다.

노인학대에 대응하는 사회복지사가 가족과 대면할 때 느끼는 부담감이나 곤란함을 조금이라도 줄이고, 가족과 이야기를 나눌 수 있는 관계를 만들어 가기 위한 면접 방법으로 우리는 M-D&D(수정판 Design And Development)의 순서에 따라 안심만들기 · 안전탐색 · 어프로치(AAA)를 개발하였습니다. AAA는 면접을 통해 가족과의 원조 관계를 맺어 상황의 변화를 위한 작은 한 걸음을 가족과 함께 만들어 가는 초기개입 단계에 초점을 둔 접근법입니다. 학대 사례이기 때문에 첫 단계를 더욱 차근차근 밟아가야 한다고 생각합니다.

　AAA 연수는 지금까지 110회 실시되었고, 5,000명 이상의 사회복지사가 참가하였습니다. AAA의 유용성에 대해서는 연수 참가자를 대상으로 한 질문지 조사, 사례경과 기록지 분석, 경과 기록지를 제출한 전문직 종사자와의 인터뷰 조사 등 3가지 방법으로 검증작업을 실시하였습니다. 이들 조사 결과는 AAA 개발과정 기록과 함께 『노인학대에 어떻게 대응할 것인가-안심만들기 · 안전탐색 · 어프로치 개발-』(세야출판, 2013)에 기술하였습니다.

　AAA의 기본 이념이나 면접 시의 근간으로 준비된 각종 기록지가 노인학대 대응과 관련된 한국의 전문직 종사자 여러분에게 조금이라도 도움이 된다면 저희들은 매우 기쁠 것입니다.

　마지막으로 AAA의 근간인 해결중심접근법을 한국 사회에 널리 알리고 활용하고 있는 이영분 교수께서 한국어판 출간을 결정해 주셨습니다. 노인복지 서비스를 직접 현장에서 수행하고 계시는 김현훈 회장님과 노인복지전공의 조추용 교수님께서 함께 번역을 해 주심에 진심으로 감사드립니다.

집필자를 대표하여

소에다 아케미

2000년 4월부터 시작된 개호보험(일본의 노인장기요양보험)은 돌봄의 사회화와 가족의 수발 부담 경감을 하나의 목적으로 하고 있습니다. 그러나 그 법이 실시되고 10년 이상이 지난 오늘날, 가족의 수발 부담은 오히려 증가하고 있으며 노인학대의 상담·신고 건수도 매년 증가하고 있습니다.

학대를 받고 있는 노인은 일반적으로 누구에게 도움을 청해야 할지 잘 모릅니다. 또한 체면이 서지 않는다, 남부끄럽다는 등의 이유로 다른 사람들에게 도움을 호소하려고도 하지 않습니다. 무엇보다도 학대를 받는 노인의 대부분은 노인성 질환이나 치매를 앓고 있어서 스스로 보호나 지원을 요청할 수 없어 곤란을 겪는 경우가 많습니다. 학대하는 가족의 대부분은 노인학대라는 말은 모르더라도 그 행위가 옳다고 생각하지 않습니다. 때문에 많은 가족들은 그것을 숨기려고 합니다. 학대를 의심하여 방문하는 사람들을 경계하고, 집에 오면 어떻게든 쫓아내려고 합니다. 제삼자가 보았을 때 적절하다고 할 수 없는 돌봄이나 수발을 받으면서도 괜찮다고 믿고 있으며, 가족들은 다른 이로부터의 지적이나 주의에 크게 반발하고, 관계를 끊으려고 할 위험이 있습니다. 학대를 받는 노인을 지원하기 위해서는 먼저 이러한 가족과 이야기를 나눌 수 있는 관계를 만드는 것이 매우 중요합니다.

학대하는 가족은 수발 부담뿐만 아니라, 가족 본인이 신체적·정신적 질환이나 장애를 가지고 있거나, 실업 또는 저소득 등의 경제적 문제, 미래에 대한 불안, 익숙하지 않은 가사와 수발, 상담할 상대가 없는 불안감이나 고독감, 스트레스를 풀 곳이 없어 생겨나는 짜증 등 많은 문제를 안고 있는 경우가 적지 않습니다. 이러한 상황 속에서 노인의 실금이나 요양 거부 같은 질문이나 실패의 반복 등의 행위가 물리적인 폭력이나 언어폭력을 이끌어 내기도 합니다.

그러나 이러한 경우에도 가족은 항상 폭력을 휘두르지는 않습니다. 다양한 문제를 안고 있어도 지금까지 어떻게든 수발해 왔기 때문에 어떤 형태로든 강점, 힘을 가지고 있을 것입니다. 안고 있는 대부분의 문제는 쉽게 해결되거나 개선될 수 없을지도 모릅니다. 그러나 가족이 이러한 강점이나 힘을 살려 문제 상황에 조금씩 변화를 가져올 수 있다면 학대가 일어나는 상황에서 서서히 변화가 생겨, 결국은 얽혀 있던 다른 문제에 대해서도 어떤 변화가 일어날 가능성이 있습니다. 급격한 변화에는 누구라도 저항감을 느끼겠지만, 작은 변화나 이미 일어났을지도 모르는 작은 변화를 조금씩 확대해 가는 것은 그렇게 어려운 일은 아닐 듯합니다.

우리는 학대의 위기상황과 위험리스크요인을 확인하고, 면접을 통해 가족과의 지원 관계를 만들어 그들이 가진 강점이나 힘을 이끌어 냄으로써 변화로의 한 걸음을 가족과 함께 만들어 가는 개입, 지원의 초기단계에 초점을 맞춘 '안심만들기 · 안전탐색 · 어프로치(AAA)'를 개발했습니다. 이것은 학대받는 노인뿐만 아니라 학대하는 가족에 대한 지원이 필요하다는 인식, 또한 조기발견, 조기개입이 노인과 가족 모두에게 매우 중요하다는 인식을 기초로 한 접근법입니다.

이 책은 지역포괄지원센터, 행정직원, 사회복지사 및 요양보호사 등 전문직을 대상으로 이루어진 AAA 연수프로그램을 엮은 AAA 가이드북입니다. 우리는 2010년 봄부터 2012년 여름까지 전국 30개소에서 AAA 연수를 실시하였고, 연수 참가자들의 의견과 감상 등을 참고로 하여 연수프로그램을 조금씩 개선해 왔습니다. 이 책은 그 3년간의 성과 중 하나입니다. 아직 AAA 연수를 받은 적이 없는 실무자, 전문직 종사자 분들은 이 책을 통해 노인학대 대응에 이런 방법이 있다는 것을 배울 수 있을 것이고, AAA 연수에 참가한 적이 있는 분들은 조력자로서 이 책을 사용하여 각 지역에서 AAA의 원리가 되는 사고방식과 스킬, 즉 기법의 연수를 실천해 주셨으면 하는 바람입니다.

또 하나의 성과는 AAA의 홈페이지와 블로그입니다. 그곳에 연수 참가자들의 감상과 의견 등을 올려 두었습니다. 꼭 한번 봐 주시기 바랍니다. 홈페이지에는 AAA 연수에서 사용했던 각종 시트도 올려 두었습니다(http://www.elderabuse-aaa.com). 또한 AAA의 개발 과정과 AAA 효과 연구 결과는 조만간 교과서용으로 정리하여 발간할 예정입니다.

　AAA를 개발함에 있어 많은 분들이 도와주셨습니다. 먼저 안전신호접근법(Signs of Safety Approach, 이하 SoSA)의 개발자 중 한 명인 터넬(Turnell)씨와 SoSA를 일본에 정착시키기 위해 노력하고 계신 이노우에 나오미(井上直美)씨, 이노우에 카오루(井上薫)씨께 감사드립니다. AAA는 해결중심접근법 및 SoSA의 사상과 기술을 원용하고 있습니다. 저희가 SoSA를 원용하여 첫 번째 사정 계획 시트를 작성하였을 때, 이노우에 나오미씨와 이노우에 카오루씨를 통해 터넬씨에게 연락하여 원용에 대해 허락을 받았습니다. 그러나 그 후에 허락받은 시트를 기초로 새로운 세 개의 시트를 작성하였기 때문에 연구프로그램에서 첫 번째 시트는 한번도 사용하지 않았습니다.

　생활시간양식연구회 대표인 코바야시(小林良二)씨에게도 감사드립니다. AAA 연수프로그램에서 활용한 대부분의 시트는 저희가 작성하였으나, 타임시트만은 생활시간양식연구회에서 작성한 것을 대표인 코바야시씨의 허락을 받고 사용하였습니다. 그 외에도 이름을 전부 나열할 수 없지만 AAA 개발에 있어 귀중한 의견을 내어 주신 실무자, 전문직 여러분, 그리고 연구회에 참가하고 설문조사에 답해 주시며 직접 의견을 내신 많은 분께 진심으로 감사드립니다.

　AAA의 개발은 처음에는 이 책의 집필자인 세 사람으로 시작하였고, 중간부터 마츠모토(松本葉子, 덴엔쵸후학원대학), 타마이(玉井理加, 고쿠분지시 직원), 시키베(色部恭子, 특정비영리법인 홋토스페이스 나타하라 임원), 아시다(芦田正博, 개업형 사회복지사)씨가 더해져 전원이 함께 의견을 교환하며 AAA의 발전을 목표로 노력하고 있습니다. 이들의 협력이 없었다면 AAA 연수를 계속해 올 수 없었을 것입니다. 마지막으로 집필에 애를 먹던 저희를 계속해서 격려해 주셨던 세이신쇼보(誠心書房)의 나카자와(中澤美穂)씨에게도 감사를 표합니다. 그리고 AAA의 개발은 2009～2011년도 과학연구비 보조금을 받아 실시되었습니다.

이 책이 노인학대 사례에 대응하고 계신 실무자, 전문직 종사자 여러분께 조금
이나마 도움이 되기를 바랍니다.

2012년 8월 말
집필자 세 명을 대표하여
소에다 아케미(副田あけみ)

차 례

'안심만들기 · 안전탐색 · 어프로치'의 실제 −기초편−

제1부

'안심만들기 · 안전탐색 · 어프로치'의 사고방식

제1장

'안심만들기 · 안전탐색 · 어프로치'의
개발 배경

노인학대 사례에 대한 새로운 개입의 접근법으로서 AAA(3A, 안심만들기 · 안전탐색 · 어프로치를 이 책에서는 'AAA'로 표기함)를 개발한 배경에 대해 설명하겠습니다.

1 사회복지사가 느끼는 어려움

(1) 「노인학대방지법」의 제정과 노인학대의 실태

일본에서는 2005년에 「노인학대의 방지 및 노인의 수발자에 대한 지원 등에 관한 법률」(통칭 노인학대방지법)이 제정되었습니다. 〈표 1-1〉과 같이 일본은 아동, 여성, 노인, 장애인에 관한 학대 · 폭력방지를 각각의 개별 법으로 규정하고 있는 세계에서도 드문 나라입니다. 이는 높은 인권 의식을 나타내고 있다고 할

〈표 1-1〉 각국의 법 제도

	일본[1]	미국	영국	스웨덴	한국
아동	아동학대방지법(2000) (아동학대의 방지 등에 관한 법률)	CAPTA(연방법) 1974+각 주법	아동법 1989, 2004	청소년 보호에 관한 특별규정법	아동복지법 2000 개정
여성	가정폭력방지법(2001) (배우자의 폭력방지 및 피해자의 보호에 관한 법률)	VAWA(연방법) 1994+각 주법	가족법 1996 학대법 1997 가정폭력법 2004	사회서비스법	가정폭력방지 및 피해자 보호 등에 관한 법률
노인	노인학대방지법(2005) (노인학대의 방지 및 노인의 수발자에 대한 지원 등에 관한 법률)	SSA(연방법)성인보호서비스 1974, DAA(연방법)학대방지프로그램 1992+각 주법	가족법 1996 학대법 1997 가정폭력법 2004	없음	노인복지법 2004 개정
장애인	장애인학대방지법(2011) (장애인학대의 방지, 장애인의 보호자에 대한 지원 등에 관한 법률)	SSA(연방법)성인보호서비스 1974, DAA(연방법)학대방지프로그램 1992+각 주법	가족법 1996 학대법 1997 가정폭력법 2004	없음	없음

1) 각 법률의 정식 명칭은 ( ) 안에 표시함.

수 있을 것입니다.

「아동학대방지법」이 제정된 이후 아동학대의 상담 및 신고 건수가 계속 증가한 것과 마찬가지로 노인학대도 「아동학대방지법」이 제정된 후 상담 및 신고 건수가 2006년에 18,390건에서 2010년에는 25,315건으로 증가하고 있습니다. 그중에서 사실 확인 조사 결과 학대로 판명된 건수는 2006년에 12,569건(전체의 68.3%), 2010년에 16,668건(65.8%)입니다([그림 1-2]).

매년 실시하는 조사에 의하면 학대를 가장 많이 하는 사람은 '아들'이며([그림 1-1]), 학대의 종류로는 '신체적 학대'가 압도적으로 많았습니다([그림 1-2]).

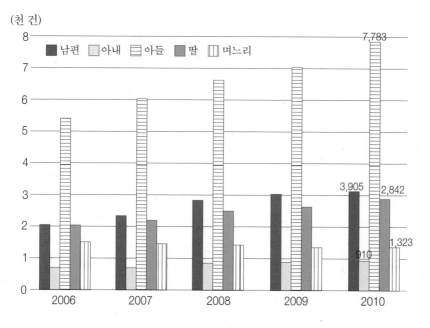

[그림 1-1] 학대자와의 관계

(후생노동성, 『노인학대의 방지 및 노인의 수발자에 대한 지원 등에 관한 법률에 기초한 대응 상황 등에 관한 조사 결과(2006~2010)』)

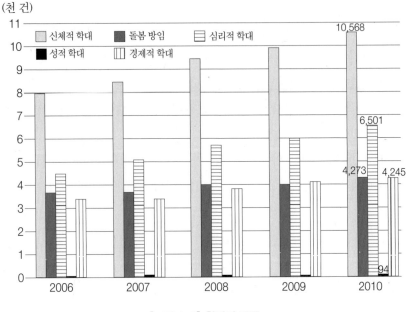

[그림 1-2] 학대의 종류

(2) 노인학대의 변화와 사회복지사의 어려움

몇몇 연구자들에 의해 1990년대에 실시된 노인학대에 관한 실태조사의 결과에서 가장 높게 나타난 학대자는 며느리였으며, 학대의 종류로는 노인의 방임이었습니다.[2] 그 결과 1990년대까지는 노인학대의 전형적인 이미지로서 수발 부담감을 강하게 가질 수밖에 없었던 며느리에 의한 방임이었습니다. 그러나 방지법 제정 직전에 실시된 전국 조사[3]와 앞에서 본 「노인학대방지법」 실행 이후에 매년 실시하고 있는 조사 결과[4]에 의하면, 2000년대의 전형적인 이미지는 반드시 수발 부담감에서만 오는 것이 아닌 아들에 의한 신체적 학대로 나타났습니다([그림 1-3]).

---

2) 고령자 처우 연구회(1994), 오사카 고령자 학대 연구회(1996), 多々良紅夫(2001)

3) 의료경제연구사회보험복지협회 의료경제연구기구(2004)

4) 후생노동성 노건국고령자 지원과(2001~2010)

며느리에 의한 방임보다 아들에 의한 신체적 학대가 많은 현실은 압도적으로 많은 여성 사회복지사들에게 강한 불안과 망설임, 공포감을 느끼게 할 수도 있습니다. 더욱이 학대를 하고 있는 아들이 자신이 하고 있는 행동이 학대라는 사실을 자각하지 못하거나 지원을 거부한다면 사회복지사는 개입에 대한 더 많은 어려움을 느낄 수밖에 없을 것입니다.

　실제로 2004년 의료경제연구기구가 작성한 『가정 내의 노인학대에 관한 조사보고서』에 의하면, 돌봄지원 전문직과 지역포괄지원센터(地域包括支援センター)[5] 직원 등의 88%가 '노인학대의 지원에 대한 어려움을 겪고 있다.'고 대답하였습니다. 또한 지역포괄지원센터와 행정직원을 대상으로 2009년에 후지에(藤江愼二)씨가 실시한 조사에 의하면, 응답자의 91%가 '학대의 대응에 어려움을 느낀다.'고 대답했습니다. 그 이유로 두 연구 조사 모두에서 '대상자가 개입을 거부한다.' '사회복지사로서의 자신의 기술부족' 등을 들고 있습니다.

1990년대	• 수발 부담감이 강한 며느리에 의한 돌봄의 방임 • 며느리 29.3%, 돌봄의 방임 58.8%(복수응답) (오사카고령자학대연구회, 1996)
2000년대	• 반드시 수발 부담감뿐만이 아니라 아들에 의한 신체적 학대 • 아들 42.6%, 신체적 학대 63.4%(복수응답) (후생노동성노건국고령자지원과, 2010)

[그림 1-3] 1990년대와 2000년대의 전형적인 사례

---

5) 역자 주: 지역포괄지원센터는 노인이 지금까지 살아온 지역에서 안심하고 지낼 수 있도록 다양한 사회자원을 포괄적·계속적으로 지원하여 지역포괄케어를 실현하고자 설립되었다. 이는 저출산 고령화의 급속한 진행과 핵가족화로 인한 가족형태의 변화에 따른 독신 및 부부 노인 세대의 증가, 함께 살아가는 지역으로서의 역할 쇠퇴, 치매노인의 증가 등으로 인한 지역 주민의 욕구의 다양화와 변화에 의하여 2005년 6월 「개호보험법」 개정에 따라 도입된 것이다. 지역포괄지원센터에서는 종합 상담 및 지원, 치매예방, 권리옹호 등을 포함한 포괄지원사업, 예방지원사업을 진행하고 있다.

2 상담원조관계를 형성하기 위한 접근법

(1) 어려운 상담의 원조관계 형성

노인과 그 가족이 학대에 대해 전혀 자각이 없고, 오히려 학대를 부인하거나 개입을 거부하는 경우, 사회복지사는 어떻게 대응하면 좋을지 고민할 수밖에 없습니다. 특히 상황이 복잡하고 어려운 경우 대응할 수 없는 것은 아닐까라고 곤란함을 느끼는 것은 자연스러운 일입니다. 이와 같은 어려움이나 곤란함을 느끼게 되면 가능한 한 그러한 학대사례를 맡고 싶지 않다는 회피감정이 생겨나는 것은 당연한 일인지도 모릅니다.

사회복지사가 이러한 부정적인 감정을 가지게 되면 이 감정이 표정이나 태도에 드러나지 않도록 조심하지만 노인이나 가족에게 미묘하게 전해질 수밖에 없습니다. 특히 외부 사람이나 공적기관에 대한 강한 불신감을 가진 사람이라면 사회복지사의 표정이나 말투 등에서 그러한 부정적 감정을 민감하게 받아들여 불신감을 더욱 증폭시키는 일도 있습니다. 이처럼 가족의 거부자세가 강해지면 강해질수록 사회복지사의 지원에 대한 어려움이나 불안도 커져 적절한 도움이 늦어지기도 합니다. 가족이 납득하지 못한 채로 요양 서비스가 도입되거나 긴급 상황이 아님에도 대상자와 가족이 분리되는 조치를 받게 될 수도 있습니다.

특히 학대를 하고 있는 가족은 그러한 지원에 대해 납득하지 못하므로 불평불만을 더욱 크게 가지게 될 것입니다. 항의를 할 가능성도 충분히 있습니다. 불신감이나 거부 감정은 더욱 강해질 수밖에 없습니다.

그렇게 되면 사회복지사는 '어려운 사례' '곤란한 사례'라는 딱지를 붙이고 지원이 잘 되지 않아도 어쩔 수 없는 사례라고 취급해 버리기 쉽습니다. 그런 태도는 다시 가족에게 전해질 것이고 그들을 더욱 완강하게 만들어 버릴 수도 있습니다.

노인 및 그 가족과 사회복지사와의 관계는 [그림 1-4]와 같이 상호작용의 관계에 있습니다. 양쪽의 관계가 악순환인 채로 남게 된다면 상담원조관계를 만들 수 없습니다. 이대로라면 학대의 악화를 방지하기는커녕 사태를 더욱 나쁘게 만들 위험성이 있습니다.

여기서 말하는 '상담원조관계를 만든다, 원조관계를 구축한다.'는 의미는 먼저 노인 및 그 가족에게 이 사회복지사라면 무엇이든 터놓고 말해도 좋다고 생각할 수 있는 관계를 만드는 것입니다. 그래야만 노인학대에 대한 상황개선의 필요성을 인식하고, 그 상황을 개선하기 위해 의욕을 가지고 사회복지사와 함께 그 방법을 상의할 수 있는 관계를 만들어 갈 수 있습니다. 이러한 관계를 파트너십이라고 부를 수 있습니다.

따라서 악순환을 좋은 방향으로 바꾸기 위해서는 사회복지사가 지금까지와는 다른 대응을 할 필요가 있습니다.

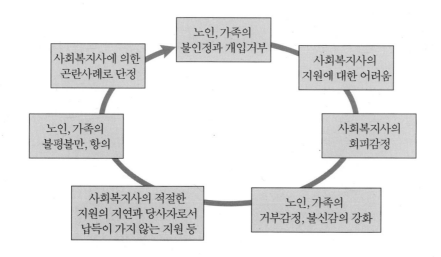

[그림 1-4] 상담원조관계 형성의 어려움

(2) 노인학대에 대한 실천방법

먼저 노인학대에 대한 실천방법으로 어떤 것이 있는지 조금 넓게 살펴봅시다.
[그림 1-5]는 미국의 나렌버그(Narenberg, L.)가 노인학대에 대한 실천방법을 이
해하기 쉽게 다섯 가지로 정리한 것입니다.

① 성인보호서비스모델은 미국의 성인보호서비스(Adult Protection Service: APS)
　기관의 실천모델입니다. 스스로 보호서비스를 요구하지 않거나 혹은 요청
　할 수 없는 사람들을 대상으로 위험성평가를 실시하여 단기적으로 위기관
　리를 합니다. '필요하다고 판단되면 본인의 의사에 반하더라도 분리하여 보
　호하는 것' 을 원칙으로 합니다.
② DV(Domestic Violence)모델이란 가정폭력모델을 말합니다. 이 모델은 학대피해
　자를 가정폭력의 생존자로 생각하고 쉼터나 집단 상담, 지지 집단 등을 제
　공하여 피해자의 역량을 최대한으로 끌어내고자 합니다. 그렇게 하여 피해
　자가 학대자로부터 멀리 떨어질 수 있게 하거나 학대자에 대한 대응방식을
　바꿔갈 수 있도록 지원하는 접근법입니다.

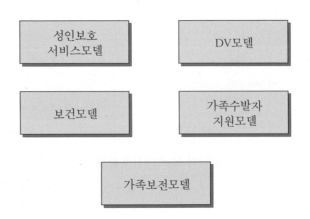

[그림 1-5] 노인학대방지에 관한 실천방법(Narenberg, 2008)

③ 보건모델은 리스크요인을 역학적으로 밝힌 후에 고위험군 사례를 조기 발견
하여 학대자의 자활을 지원하거나 일시적인 서비스 및 지지 집단을 제공하
여 학대예방과 재발방지를 도모합니다.

④ 가족수발자지원모델은 가족수발자의 부담이 크기 때문에 학대가 발생한다고
보며, 가족수발자의 부담감을 줄이기 위한 휴식 및 상담, 수발휴가 등을 충
실히 제공하여 학대의 재발과 악화 방지를 도모하는 모델입니다.

⑤ 가족보전모델은 각각의 가족에 따라 유연하게 모든 서비스를 단기 집중적으
로 도입하는 것입니다. 강점관점에 기초하여 가족을 인정하거나, 스트레스
관리기술지원 등을 통해 가족의 분리를 방지하는 모델입니다.

이러한 모델들은 사용하는 기관의 목적이나 사례유형에 따라 활용됩니다. 또
한 사례의 상황에 따라 활용하는 모델을 유연하게 바꿀 수도 있습니다. 모든 사례
에 사용할 수 있는 모델이란 없습니다.

이러한 접근법은 사회복지사의 어려움이나 회피감정을 완화하고 상담원조관
계를 형성할 수 있도록 면접에만 초점을 맞춘 것은 아닙니다. 그래서 우리는 해결
중심접근법(Solution Focused Approach, 이하 SFA)이나 안전신호접근법(Signs of
Safety Approach, 이하 SoSA)에 기초하여 사회복지사의 대처 가능성을 높이는, 즉
'아무것도 할 수 없는 것은 아니다.' '무엇인가 할 수 있을지도 모른다.'는 마음을
가지게 함과 동시에 상담원조관계의 형성에 도움이 되는 접근법을 개발했습니다.
우리는 이것을 'AAA'(안심만들기 · 안전탐색 · 어프로치)라 부르기로 했습니다.

AAA는 안전신호접근법을 기초로 하여 위험이나 리스크 요인의 확인뿐 아니
라, 안전, 즉 노인과 가족의 강점, 자원의 확인을 사회복지사에게 요구합니다. 사
회복지사는 노인과 가족에게서 발견한 강점이나 자원에 대해서 그리고 면접 중
에 알게 된 문제나 걱정거리에 대처해 온 방법과 노력해 온 사실에 대해 칭찬합니
다([그림 1-6]). 이러한 접근법의 기본적인 생각과 기법에 대해서는 앞으로 원조개
입의 형태별로 자세히 설명하겠습니다.

그 전에 AAA가 기반으로 하는 해결중심접근법에 대해 설명하고자 합니다. 해

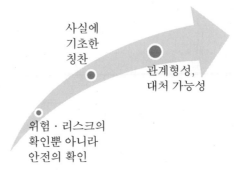

[그림 1-6] 안심만들기 · 안전탐색 · 어프로치(AAA)

결중심접근법의 기본을 이해하기 위해서는 두 사람이 짝을 이루어 실제로 연습해야 하는 부분이 있습니다. 가능하면 실제로 연습해 보십시오.

제2장
해결중심접근법의 이해

'안심만들기·안전탐색·어프로치'의 기반이 되는 강점모델
의 대인원조이론인 해결중심접근법에 대해 살펴보겠습니다.

1 해결중심접근법과 문제중심접근법

(1) 관점의 차이

해결중심접근법은 문제중심접근법과 비교하여 보면 이해하기 쉽습니다. 우선 문제중심접근법에 대해 간단히 설명하겠습니다.

문제중심접근법은 문제지향, 즉 먼저 어떤 문제가 있는지 알고자 하는 접근법입니다. 적절한 지원을 제공하기 위해서는 문제나 요구를 면밀히 평가하고 그 구조와 원인을 분석하여 제거해야 합니다. 다시 말하면 문제나 요구를 정확하게 파악하기 위한 사회복지사의 시각이 중요하다는 것입니다. 이 관점은 대인지원 분야에서 많은 사람들에게 도움이 되었으며 지금도 대단히 유효한 방법으로 사용되고 있습니다.

그러나 이 방법만으로 지원이 잘 되지 않는 사람이 있습니다. 문제의 구조가 분명해서 그것만 그만두면 문제가 해결될 텐데 중단하지 않거나, 서비스를 이용하지 않거나, 사회복지사가 열심히 방법을 찾아보아도 이러지도 저러지도 못할 때는 아무것도 못하는 것은 아닌가, 무엇인가 할 수 있는 방법은 없을까라는 고민을 하게 됩니다. 이러한 상황을 극복하기 위해 생겨난 것이 바로 '해결중심접근법'입니다.

지금부터 설명하겠지만 건강한 사람과 함께 해결중심접근법을 통해 실천해 가면 정말 즐거운 웃음이 멈추지 않습니다. 이는 때때로 오해를 받아서 해결중심접근법은 문제가 가벼운 사람들에게만 적용할 수 있는 것이 아니냐고 말하는 사람도 있습니다. 그러나 그렇지 않습니다. 해결중심접근법은 알코올의존과 약물의존 등 가장 힘든 영역에서 생겨났습니다. 즉, 지금까지의 방법으로는 이러지도 저러지도 못하는 사람들에게 무엇이라도 할 수 있는 방법을 찾으려고 노력한 결과 생겨난 것입니다.

그러므로 해결중심접근법에서는 문제 그 자체를 질문하기보다는 '본인이 어떤 상황에 처해 있는가' '본인이 어떤 해결을 바라는가?'에 대해 평가하는 것을 중요시합니다. 동시에 변화를 일으키기 위해 사용할 수 있는 지금 가지고 있는 자원이나 강점이 무엇인가를 생각하는 것입니다. 그리고 지금 사용 가능한 강점을 살려 조금씩 문제해결에 근접할 수 있도록 하는 것입니다.

〈표 2-1〉 문제중심접근법과 해결중심접근법의 차이

문제중심접근법 • 문제 · 욕구사정을 중요시한다. • 문제 · 욕구의 원인을 분석하여 제거한다. → 전문가 시각이 중요시된다.
해결중심접근법 • 해결 상황의 사정을 중요시한다. • 본인이나 주변의 강점을 살려서 해결을 모색한다. → 당사자 시각이 중요시된다(당사자가 해결의 전문가다).

이와 같이 진행하기 위해서는 당연히 본인이 상황을 어떻게 느끼는가가 중요합니다. 이것은 당사자의 시각을 중요시하고 있다고도 할 수 있습니다. 해결중심접근법에서는 '당사자가 문제해결의 전문가'라는 말도 있습니다. 자신의 문제를 어떻게든 해결하기 위해 실제로 대응할 것인가 말 것인가를 결정하고 판단하는 것은 오직 당사자 본인이라는 것입니다.

(2) 과정의 차이

좀 더 자세히 비교해 봅시다. 문제지향의 문제중심접근법에서는 문제와 욕구사정을 어떻게 정확히 분석할 것인가에 열쇠가 달려 있습니다. 따라서 먼저 문제나 욕구가 무엇인지 분석하여 몇 가지 리스트로 만들고, 그 다음에 그것이 어떤 구조로 되어 있는지 탐색합니다. 문제나 욕구가 어떤 식으로 얽혀 있는지를 정리하는 것입니다.

그 후에 문제구조의 원인을 탐색하고 무엇이 어떤 인과관계를 맺고 있고, 어떠한 욕구로 이어져 있는가 하는 것입니다. 그리고 원인을 제거하기 위해 무엇을 할 수 있는가를 생각하고 최종적으로 개입방법을 좁혀 갑니다. 개입방법을 선정할 때에는 실현 가능성이나 실시한 결과의 전망 등을 검토한 후에 선택하게 됩니다([그림 2-1]).

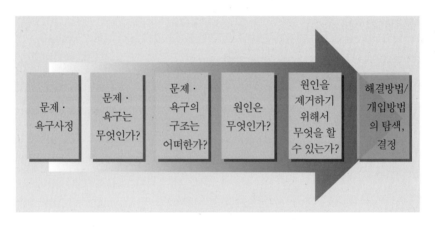

[그림 2-1] 문제중심접근법의 행위·사고의 과정

해결중심접근법의 경우 문제에 대해 생각하는 방법이 다릅니다. 처음에 '당신은 어떠한 상황에 처해 있습니까?'를 파악합니다. 즉, 대상자의 이야기를 경청합니다. 그리고 주관적인 체험을 포함해 사정을 합니다. 어떤 생활을 하고 있는지, 무엇이 어떻게 곤란한지, 그리고 무엇을 기대하고 상담하러 왔는지를 확인합니다. 모두가 자발적으로 찾아오는 것이 아니라는 것은 사회복지사라면 누구나 알고 있습니다. 가족에게 떠밀려 상담하러 온 경우도 있고, 이웃의 신고를 받아 사회복지사가 방문하여 어쩔 수 없이 응해 주는 일도 있습니다. 그런 경우, 지금 눈앞에 있는 대상자는 사회복지사에 대해 어떤 기대를 하고 있는지, 혹은 어떤 기대도 하고 있지 않은지, 주변 사람들이 어떻게 해 주었으면 하는지, 자신이 무엇을 어떻게 하면 좋은지 알려주기를 바라는 등, 대상자가 원조기관에 바라는 기대를 파악해 두는 것이 매우 중요합니다. 그것을 근거로 하여 지원방법이나 내용을 생각해 가기 때문입니다.

그 후에 대상자의 '해결책'이 무엇인지를 확인합니다. 어떻게 하면 좋을까, 어떤 점을 바라는가, 마음속에 원하는 것이 무엇인가를 확인합니다. 그것과 함께 해결구축의 재료가 되는 자원은 무엇인지를 확인합니다. 상황을 정중히 물으며 힘든 상황 속에서도 어떻게든 대처해 온 힘이나, 조금은 나은 시간을 만들어 내려는 노력, 또는 해결책에 조금이라도 가까워지고 있는 듯한 시간을 만들어 낸 경험이나 도움을 주거나 격려해 주는 사람 등입니다.

그것을 상의한 후에 문제해결 구축을 위해 당장 조치를 취하고 싶은 것이 무엇인지를 확인합니다. 그리고 면접의 마지막에 요약을 합니다. 이는 기본적인 면접 기법에 포함되어 있지만, 해결중심접근법에서는 그것을 상당히 중요시합니다. 마지막으로 정리의 단계에서 칭찬을 하고, 제안을 합니다([그림 2-2]).

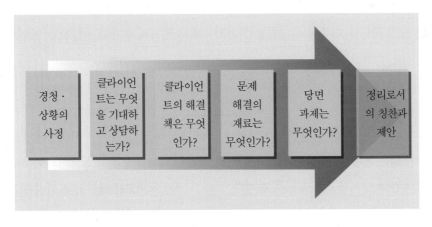

[그림 2-2] 해결중심접근법의 행위 · 사고의 과정

2 해결중심접근법의 진행방법

(1) 경청의 요령

그럼 지금부터 해결중심접근법의 실제 진행방법에 대해 소개하겠습니다. 우선은 대상자 본인이 어떤 생활체험을 하고 있는지 정중히 질문하면서 '경청'을 합니다.

첫 번째 포인트는 상황을 구체적으로 대상자 본인의 말로 듣는 것입니다. 한마디로 '노인의 수발, 보살핌'이라고 해도 사람마다 그 상황을 어떻게 받아들이고 어떻게 경험하는지 다를 것입니다. 그러므로 상황을 구체적으로 본인의 말로 듣는 것이 중요합니다. 다 알고 있다고 가정해서도 안 되고, 마음대로 이해해서도 안 됩니다. 이러한 것은 때때로 그 다음의 지원이 실패하는 원인이 됩니다. 자세한 사실 확인은 다음에 설명하는 문제의 '예외' 찾기와 연결되는 중요한 포인트입니다.

두 번째 포인트는 앵무새대화법, 수긍하기, 한마디 언급의 기술입니다. 무슨 말을 해야 할지 모르겠다, 어떤 대답을 해야 할지 모르겠다는 사람이 종종 있습니다. 그런 분들은 좋은 말만 하려다가 도리어 마음에 없는 말이나 상대방에게 와닿지 않는 말을 하곤 합니다. 상대방이 한 말을 그대로 수긍하고 되풀이하여 똑같이 자신의 말처럼 스스로 느껴 봅시다. 그리고 거기서 떠오른 생각을 한마디 말로 간단하게 언급합니다.

"○○이었군요, 그 일은… 참 슬프네요."
"○○이었군요, 정말 힘드셨겠네요."

한마디 언급은 주절주절 말할 필요 없이 딱 한마디가 좋습니다.

세 번째 포인트는 어떤 말을 할 것인가보다는 어떻게 말할 것인가입니다. 말의 의미를 전하는 것은 말뿐만 아니라 표정, 상태, 전체적인 태도, 앞뒤 상황이라고 합니다. 어떤 말을 할 것인가보다는 어떻게 말할 것인가가 더 많은 의미를 전달합니다. 상대방의 생각하는 태도를 항상 의식합시다.

네 번째 포인트는 어디에 초점을 맞출 것인가입니다. 문제의 이야기를 들을 때는 대처에 초점을 맞추는 것이 중요합니다. 문제가 크면 클수록 지금 거기에 있는 사람은 큰 싸움을 하며 살아가고 있는 것입니다. 그것에 경의를 표합시다. 문제와 힘든 상황에 어떻게든 대처해 왔기 때문에 그 사람은 지금 여기에 있는 것입니다.

끝까지 싸우고 어떻게든 열심히 살아가려는 모든 사람에 대한 경의와 강점에 대한 신뢰를 가집시다.

포인트 1   경청의 요령

상황을 구체적으로 대상자 본인의 말로 듣는다.
- 아는 것처럼 하지 않는다. 자기 마음대로 이해하지 않는다.
- 정중한 사실 확인은 문제의 '예외 찾기'에 연결된다.

앵무새대화법+수긍하기+한마디 언급
- 전문용어로 말을 바꾸지 않는다.
- 한마디 언급은 단순, 간결하게 한다.

'무엇을 말할까'보다 '어떻게 말할까'
- 말의 의미를 전달하는 것은 말뿐만이 아니다.
- 표정, 목소리의 상태, 전체적인 태도

문제뿐만이 아니라 대처에 초점을 맞춘다.
- 힘든 상황 속에서 '어떻게 대처해 왔는지'에 본인의 자원이 숨겨져 있다.

(2) '예외'와 '대처'에의 주목

상황을 어떻게 느끼고 있는지 질문하면서 '예외'나 '대처'에 주목함으로써 그 사람이 가진 강점을 찾을 수 있습니다.

'예외'란 '문제가 일어나지 않은 상황'을 말합니다. 문제가 일어나지 않을 때가 한순간도 없고, 문제가 지속되고 있다고 하는 사람에게는 '문제가 조금이라도 더 나아졌을 때' 또는 '문제가 없었을 때'라고 말합니다. 문제가 없을 때와 있을 때가 어떻게 다른지, 예외를 만든 본인이나 주위 사람의 자원, 즉 본인이 가지고 있는 것이나 노력과 가치관, 분발과 창의 등 다양한 강점을 이야기 속에서 명확히 해 나갈 수 있습니다.

또한 '예외'가 보이지 않는다고 할 경우라도 문제에 대한 대처 방법을 물을 수 있습니다. 문제에 대한 대응, 대처 방법을 궁리하는 것입니다. 문제에 압도되지 않는 힘, 압도될 것 같으면서도 참아내는 요령, 어떻게든 해내겠다는 각오, 주위의 지지, 지원을 받아들이고자 하는 판단력, 또는 무엇이든 포기하지 않는 근성, 그 사람이 거기에 존재하고 있다는 것은 다시 말해 그 사람이 어떻게든 대처하고 있다는 증거입니다. 어떻게 대처하고 있습니까? 어떻게 지금까지 살아올 수 있었습니까? 험난한 상황에 있을수록 물어볼 것이 많습니다.

그럼 실제 연습을 해 봅시다. 가능하면 처음 만난 사람과 짝이 되어 주세요. 먼저 아주 간단하게 자기소개를 합니다. 그 다음으로 질문에 들어갑니다. 내용은 연습용이므로 조금 비틀어 놓았습니다. '아침에 일어나서 지금까지 인생이란 그렇게 나쁘다고만은 할 수 없다는 생각이 든 사건은 없었습니까?'라고 질문해 봅시다.

좀처럼 답을 찾기가 어려울 거라고 생각합니다. 그렇지만 잘 생각해 봐 주십시오. 그렇게 나쁘다고만은 할 수 없을 것입니다. '멋있는 일' '경사스러운 사건' '있을 수 없을 것 같은 기적' 등은 기대하지 않습니다. '다만, 나쁘다고만 할 수 없지 않을까' 정도입니다. '음…'이 붙습니다. 어떻습니까?

이것은 '인생이 그렇게 나쁘다고만은 할 수 없다는 생각이 든 사건'을 찾는 것이 질문의 의도입니다. 조금은 비튼 질문이지만 생활 속에서 조금이라도 나쁘지 않은 것을 '예외'로 찾는 연습을 한 것입니다.

그 다음은 찾아낸 '예외'를 깊이 파고들어 가는 대화입니다. 어떻게 그런 일이 일어났는지? 무엇이 좋았었는지? 또는 어떤 방법이 좋았는지? 누가 지지해 주었는지? 그 일에는 당신의 어떤 점이 도움이 되었는지? 등을 질문해 갑니다. 깊이 파고들면서 거듭 질문함으로써 대상자가 자랑스럽게 여길 만한 이야기를 끌어내는 것입니다.

〈표 2-2〉 예외나 대처에의 주목

예외
• 문제가 발생하지 않은 상황
• 그 상황을 발생시킨 본인의 자원, 주위의 자원=강점
대처
• 문제에 대한 대응, 대처
• 굴하지 않는 힘, 노력, 판단력, 주위의 지지=강점

 연습 1 예외의 원인 찾기 · 성공분석

1. 짝이 되어 대상자 역할과 사회복지사 역할을 정합시다.
2. 사회복지사 역할을 하는 사람은 다음과 같이 질문해 주십시오.
   • 아침에 일어나서부터 '지금까지 인생이란 그렇게 나쁜 것은 아니잖아! 음… 나쁘지 않아'라고 생각하게 되는 에피소드를 가르쳐 주십시오.
3. 사회복지사는 경청합니다.
4. 발견한 예외는 깊이 파고들어 갑니다.
   • 어떻게 그런 일이 일어났는가?
   • 무엇이, 어떤 노력이 좋았는가?
   • 누가 지지해 주었는가?
   • 거기에는 당신의 어떤 점이 발휘되었는가?
5. 대상자의 자랑거리가 될 만한 이야기를 꺼내 봅시다.

일방적으로 말하게 해서 듣는 것이 아니라 질문하고, 생각하고, 대답하는 과정이 중요합니다.

(3) 대상자의 기대나 소원을 묻다

다음 단계입니다. 해결중심접근법은 대상자의 기대나 소원을 신중하게 파악해 갑니다. 지금까지 대상자가 어떤 어려운 상황을 체험해 왔는지를 경청하고, 어떠한 경위로 상담기관이나 사회복지사와의 만남에 이르게 되었는지, 지금 여기에서 무엇을 기대하는지에 대해 상의합니다. 대개 "무엇을 기대하고 오셨습니까?" 혹은 "오늘 상담에 응해 주셨는데, 어떤 일이 일어나면 좋으시겠어요?" 등 직접적으로 질문하는 것이 좋습니다.

다만 이 기대감과 소원은 상담해 가는 과정 중에 바뀌기도 합니다. 사회복지사에 대한 신뢰감이 높아지면 기대감은 증가하고, 경계하는 마음이 생기면 기대보다는 오히려 상담을 중단하고 돌아가고 싶고, 상관하지 말았으면 좋겠다는 마음으로 바뀔 것입니다.

해결중심접근법에서는 대상자가 사회복지사에게 갖는 기대감에 대해 크게 세 가지로 분류하고 있습니다.

첫째, 원래 교과서에서는 '방문형(visitor) 관계'라고 하며, 의역하면 상황보기라는 뜻입니다. 즉, 문제의 이야기를 하고 싶지 않거나, 문제가 없다고 주장하거나, 혹은 문제를 모르고 있다는 등의 이유로 사회복지사에게 어려운 점을 표현하지 않는 상황입니다.

이러한 상황에서 "당신에게 문제가 있습니다. 자각하세요."라고 말해 버리는 터무니없는 실수를 범할 수 있는데, 이는 오히려 지원관계를 방해하는 역효과를 가져올 뿐입니다. 긴급한 상황에서 '나쁘다 · 나쁘지 않다'라는 실랑이는 아주 중요한 지원을 뒤로 미루게 할 수도 있습니다. 기본적으로 이러한 상황에서는 상대를 우선 존중하여 높여 주는 것이 중요합니다. 또한 상대가 흥미를 갖도록 이야기하여 분위기를 조성하고, 그들이 갖고 있는 강점이나 힘을 찾아 구체적인 말로 전달하는 것이 중요합니다. 그 후에 강제 개입이 필요하면 업무상의 역할을 설명하여 '어쩔 수 없다.'고 생각할 수 있도록 하는 것부터 시작해야 합니다.

둘째, 불평, 불만이라고 쓰여 있는 것은 원래의 교과서에서는 '불평형(complainant) 관계'라고 합니다. 주변사람들을 어떻게 했으면 좋겠다고 불평하거나, 자신은 이렇게 열심히 하고 있는데 저 사람은 틀려먹었다, 이 사람은 아무런 대답도 해 주지 않는다는 등 불평, 불만만 하는 것입니다.

이러한 관계성을 요구하는 사람은 대체로 실제로 노력하고 있으면서도 피폐해지는 경우가 많습니다. 그러므로 이러한 상황 속에서 "당신도 반성해야 할 점이 있지 않습니까?"라는 말은 절대로 해서는 안 됩니다. 우선 확실히 이야기를 듣고 "그런 마음이시군요."라고 위로한 후에 '주위 사람들을 걱정하고 애쓰고 있는 것' '금방 알아차리는 세심함, 관찰력' '말로 잘 전달할 수 있는 힘' 등에 대해서 반드시 긍정적인 말을 전달하는 것이 중요합니다. 그리고 상담의 마지막에 반드시 "이제부터 상황을 잘 보고 뭔가 작은 변화, 원하시는 변화가 일어났는지 알려주세요. 그때 무엇이 좋았는지도 알려 주세요."라고 긍정적인 부분을 발견하는 것에 관찰력을 활용하는 것이 중요합니다.

셋째, '알려 달라.'고 하는 것은 원래 교과서에서는 '고객형(customer) 관계'라고 합니다. 해결을 위해 자신이 어떻게 하면 좋을지 알려 주면 좋겠다는 고객형입니다. 상황의 개선을 위해 자신이 뭔가 하고 싶다고 말할 마음이 있는 사람입니다. 이러한 사람은 어떤 작은 일이라도 상관없으니 무엇인가 가능한 행동의 구체적인 제안을 상담 중에 발견해 가는 것을 해결중심접근법에서 말하고 있습니다.

한편 이 '관계성의 세 분류'는 어디까지나 관계성의 분류이지 개인의 분류가 아닙니다. ○○씨가 요양보호사와는 상의했는데 사회복지사에게는 상의하지 않는다든지, 전에는 상의해 주었는데 지금은 상의하고 싶은 기분이 아니라든지 하는 변화는 늘 일어납니다. 따라서 그때 그 상담의 순간이 어떠했는지 생각하는 것이 중요합니다. 말하는 도중에 변화하기도 하기 때문입니다.

포인트 2   대상자의 기대를 분별하고 대응한다

지금까지의 상담을 정리하여 대상자가 지금 여기에서 무엇을 기대하고 있는지를 정확히 확인한다.

• 논의의 경과 속에서 변할 수 있기 때문에 유연하게 생각할 것
• 직접 무엇을 기대하고 왔는가를 질문해도 좋다.

관계성을 크게 3가지로 분류하여 대응한다.

• 상황보기: 문제의 얘기를 하지 않거나 문제가 없다고 주장

⇒ 칭찬 중심, 지나친 과제는 말하지 않는다.

• 불평불만: 주변을 어떻게든 자기가 원하는 대로 처리해 주기를 바람

⇒ 노력, 주변에의 노력에 대한 칭찬

관찰은 부탁할 수 있지만 개선을 요구하는 것은 부담이 된다.

• 알려 달라: 해결을 위해 자신이 어떻게 하면 좋은지 알려 주기를 원함

⇒ 노력, 열의에의 칭찬

구체적인 행동을 제안할 필요가 있다.

(4) 해결책을 묻다

다음 단계는 대상자가 바라는 해결책을 묻는 것입니다. 대상자가 상담에 응해 준다는 것은 대부분의 경우 무엇인가 문제해결을 기대하고 내담하였을 것입니다. 또한 실제로 상담에 오지는 않았다고 할지라도 무엇인가 마음속에 바라는 것이 있을 것입니다. 만약 그 바람이 이루어졌다고 가정한다면 어떻게 될까요? 또어떤 상태가 되겠습니까? 사실 대상자는 의외로 이런 생각을 하지 않을 뿐 아니라 있을 수 없다고 생각합니다. 혹은 문제가 사라지면 좋을 텐데라는 생각밖에 하지 않아서 문제가 사라진 후의 것은 생각하지 않는 경우가 많습니다.

이른바 문제라고 하는 것은 역 앞에 있는 낡은 빌딩과 같은 것일지도 모르겠습니다. 일이 잘 풀리지 않을 때는 그 낡은 빌딩이 눈엣가시가 되고, 분위기에 맞지

않아 어딘가로 옮기고 싶고, 철거하고 싶고, 어떻게든 하고 싶은 생각에 머리가 복잡해 반대 운동을 하는 사람이 있다거나, 공사를 싫어하는 사람이 있다거나, 땅 값이 비싸다거나, 공사비용이 많이 든다거나, 철거할 수 없는 현실과 철거할 수 없는 수많은 과제나 어려움에 머리가 복잡한 상태입니다.

이때 "만약 철거할 수 있다면 그 후 어떻게 될 것 같습니까? 어떻게 되었으면 좋겠습니까?"라고 질문하여 생각하게 합니다.

그 순간 허를 찔렸다는 느낌이 듭니다. 그리고 하나씩 하나씩 생각하기 시작합 니다. '어! 어떻게 하고 싶은 거지? 만약 이루어진다면… 광장일까? 전망 좋은 교 차로? 아니면 녹지? 사람이 많을 것 같은 쇼핑센터?' 그리고 이미지가 확실해지 면 갑자기 철거할 수 없는 피폐감과는 다른 새로운 무엇인가가 떠오를 것입니다. 그것이 해결을 위해 이야기하는 목적입니다.

따라서 사회복지사는 대상자와 함께 분명하게 상의하는 것이 중요합니다. 현 재와의 차이를 명확히 합시다. 또 '어떻게'나 '실현 가능성' 등에 사로잡히는 경 우도 많겠지만, 우선은 확실히 새로운 비전을 그리는 것이 중요합니다. 자유롭게 꿈을 그리도록 합시다.

다음에 해결책을 묻는 방법에는 어떠한 것이 있을까요? 몇 가지 포인트가 있습 니다만 "어려운 질문입니다." "상상해 봅시다." "해결되어 있다면 어떨까요?" 등 이 있습니다.

해결중심접근법의 교과서에서는 또 다른 수단이 있습니다. "당신이 자고 있는 사이에 기적이 일어나서 문제가 해결되었지만, 자고 있었기 때문에 기적이 일어 난 것을 모르다가 그 다음날 잠에서 깨어 '어! 기적이 일어났네?' 라고 알게 되었 습니다. 그것은 도대체 어떤 차이가 있어서 알게 되었을까요?"라고 물어봅니다. 즉, 자고 있는 사이에 기적이 일어나서 잠에서 깰 때까지 알지 못했지만, 다음날 일어나서 어느 순간에 기적이 일어난 것을 알게 되었다고 한다면 '그것은 언제, 무엇을 단서로 알아차리는 것인가?' 라는 질문입니다.

이렇게 몇 가지 수단이 되는 단서를 준비함으로써 자유롭게 상상할 수 있게 합 니다. 아무리 해도 모르겠다는 사람의 경우에는 '정답이 아니기 때문에' '자신은 가치가 없기 때문에 말해도 어쩔 수 없다.' 등 자기비하의 감정으로 발언을 하지 않는 사람도 있습니다. 이런 경우는 '당신이 안다고 하면' '건강해진 당신이라고 한다면' 등의 조건을 궁리하여 답을 생각할 수 있도록 합니다.

그럼 여기에서도 연습해 봅시다. 조금 가볍게 즐기는 마음으로 대사에 변화를 주었습니다. 편안하고 자유롭게 이야기해 봅시다.

 포인트 3   해결책은 무엇인가?

문제가 없어졌다면 무엇이 실현되기를 바라는가를 생각하게 한다.
- 대상자 자신이 지금까지 생각하지 않았던 것이 많기 때문에 그것을 함께 상의하는 것이 매우 중요하다.
- 현재와의 차이를 명확하게 한다.
- 우선 수단이나 실현 가능성은 별도로 하고 함께 상의한다.
  ⇒ 자유롭게 꿈에 대해 말하도록 한다.

 연습 2   해결책을 상의해 본다

1. 짝을 만듭시다.
2. 해결책을 듣는 질문을 합시다.
- 신(神, 절대자)이 오늘 밤 잠자고 있는 당신에게 '내일은 하루 종일 자유롭게 무엇이든지 할 수 있도록 해 준다.'와 '어떤 것이라도 잘될 것이다.'라고 주문을 걸어 주었다.
- 자, 그럼, 내일은 어떤 하루가 될까요? 자유롭게 말해 주세요.
- '있을 수 없다.'라는 대답에 대해서는 '기적이라도 일어나길/꿈이라도 좋으니까'
- '모른다.'라는 대답에 대해서는 '만약에 안다고 한다면/해결한 후의 건강해진 당신이라면/어머니(본인이 신뢰하고 있는 사람)라고 한다면' 등의 조건을 달고 질문한다.
  ⇒ 그 답에 대해서 '어떻게 생각하는가? 동의하는가?'

(5) 해결재료의 수집

그럼, 해결책까지 들었기 때문에 다음 단계입니다. 서서히 정리의 순서로 들어갑니다. 지금까지 한 이야기를 되돌아보면서 해결의 밑거름이 되는 재료로서의 자원을 확인합니다. 해결을 실현하기 위한 재료로서의 자원이나 강점은 어떤 것이 있었는지요? 상담을 마치기 전에 사회복지사가 이야기의 내용을 전체적으로 개괄하면서 자원을 확인해 갑니다.

자원이란 '있는 것'입니다. 활용하는 것으로서 강점이 됩니다. 무엇이 부족한가가 아니라 '무엇이 있고, 그것을 사용할 수 있는가'의 시각에서 생각합니다. '충분히 있는가, 없는가?'가 아닙니다. 충분한지 어떤지는 별개로 하고 '우선 지금 사용할 수 있는가, 전혀 사용할 수 없는가?' 정도의 수준입니다.

그렇다면 어떤 식으로 자원을 확인할 수 있습니까? 예외, 대처, 해결책 등 이러한 것을 물어보면 많은 자원을 찾을 수 있을 것입니다. 사람이 거기에 존재하고 있는 것 자체가 무엇보다도 큰 자원입니다. 지금 일본은 죽는 것이 간단한 시대일지도 모릅니다. 실제로 한 해에 많은 사람들이 여기저기에서 스스로 목숨을 끊고 있습니다. 이러한 악화를 막는 것은 어려울 수 있습니다. 그러나 이러한 가운데서 어떻게든 살아오고 존재하고 있는 그 자체를 먼저 자원으로 간주하는 것이 중요합니다.

포인트 4   해결재료의 수집

해결을 실현하기 위한 재료로서의 자원, 강점을 수집하는 것이 중요하다.

• '무엇이 부족한가'가 아니라 '무엇이 있는가, 무엇을 사용할 수 있는가'다.

예외에서	대처에서	해결책에서	잡담에서	문제에서
예외를 만든 본인, 주위의 강점	대처해 온/어떻게든 견뎌 온 본인, 주위의 강점	취미, 상상력, 중요시하는 가치관 등의 자원	간과해 온 일상생활에서 발견한 자원	두드러진 특징을 시각을 바꾸어 유효하게 활용

또 가벼운 대화를 하는 가운데서 자원을 찾아낼 수도 있고 문제 그 자체도 시각을 바꾸어 본다면 하나의 자원이 될 수도 있습니다.

(6) 당면의 과제를 정한다

그럼 여기까지 익혀 왔으면 당장 어떻게 해 가야 할지에 대한 이야기도 쉬워집니다. 해결중심접근법에서는 최후의 제안을 할 때 사회복지사에 대해서 다음의 세 가지 지침을 제시하고 있습니다.

- 큰 것보다 작은 것일 것
- 부정형보다 긍정형일 것
- 추상적인 것보다 구체적일 것

'큰 것보다 작은 것'이란 예를 들면 '항상 온화하게 돌봄을 하는 것'은 무리한 과제이겠지요. 오히려 '때리지 않는다.'가 아니라 '때리는 대신에 말로 한다.'라든가, '말로 한다.'가 추상적이면 '이제 그만해 달라고 말한다.' 등 상황에 입각해 될 수 있는 한 구체적인 행동의 모습을 상의해 가는 것입니다. 또 한 번에 큰 목표를 세우지 않습니다. '이것을 위해, 저것을 위해'라는, 보다 가깝고 작은 목표를 세워 나가는 것이 중요합니다. '손톱에 매니큐어를 칠하고 싶다.' 그것을 위해서? '손톱을 기르고 싶다.' 그것을 위해서? '오른손의 손톱을 기르고 싶다.' 그것을 위해서? 당장 '중지의 손톱을 길러 본다.'고 하는 것처럼 말입니다.

이렇게 하면 작은 성공을 거듭 경험하게 되며, 보다 큰 변화를 불러일으키게 되는 것입니다.

그럼, 실제 연습을 해 봅시다.

기본적으로 사회복지사가 무언가를 제안하는 것이 아니라 질문을 던져서 생각하게 하고, 대화 속에서 끄집어 내어 가는 것입니다.

당면의 과제를 정한다

시도하는 목표를 작게 구분하는 협의를 한다.

• 여기까지 논의되면 당장 어떻게 하면 좋을지, 무엇을 할 수 있을지를 발견하기 쉽다.

• 당면의 과제를 생각할 때 세 가지 조건을 채우도록 상의할 것

• 작은 성공체험을 계속하기 위한 필수조건

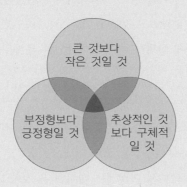

 좀 더 멋진 하루를 위해

당면의 과제, 시도하는 목표에 대한 생각을 물어 봅시다.

• 내일 정말 멋진 하루인 것처럼 행동할 수 있습니까?

• 내일, 조금 전 이야기한 멋진 하루를 위해 작은 것 하나라도 실현하기 위해 무엇인가 해 보고 싶은 것이 있습니까?

• 멋진 하루가 되기 위해 한 발이라도 다가서려는 느낌은 무엇으로 알 수 있습니까?

(7) 상담의 정리

상담의 마지막에는 반드시 '정리'를 하는 것이 중요합니다. 면접기법의 '요약'이라는 기술입니다. 상담의 단계마다 이루어져야 하며 이야기의 방향성이나

의미부여를 하는 데 연결되는 중요한 부분입니다.

요약은 3단계로 이루어집니다.

제 1단계는 그 날의 상담을 전체적으로 한번 되돌아봅니다. 상담의 내용을 재정리하고 확인하며 서로의 엇갈린 이해를 맞추어 봅니다. 구체적으로는 어떤 상황을 겪었는가, 그러한 상황 속에서 어떠한 해결책과 바람을 가지고 있었는가를 전합니다. 이 단계에서 주의할 점은 사회복지사가 전문용어를 사용하지 않는 것입니다. 짧고 세련되게 말하려고 전문 용어를 사용하는 경향이 있는데, 특히 상황을 어떻게 겪고 있는가에 대해서 본인이 이야기한 표현을 중요하게 생각해야 합니다.

제 2단계는 칭찬이라는 개입입니다. 여기서 말하는 칭찬은 아부나 아첨과는 다릅니다. 칭찬을 하는 의도는 강점을 말로 전달하는 것입니다.

상대방에게 "당신은 이러한 강점, 힘이 있네요."라고 말로 전달하는 것입니다. 예를 들어 어려운 상황 속에서 어떻게든 대처해 온 것에 대해 "어려운 상황에서 정말 잘 대처해 오셨네요."라고 말하는 것입니다. 또 당면의 제안에 대해 이야기를 나눌 수 있다면 '그런 꿈을 계속해서 품어온 것' '함께 이야기해 주신 것' '그것을 실현하는 힘이 있는 것' '도와주는 사람이 있는 것' 을 전달할 수 있습니다.

높은 눈높이에서 '새롭고 그럴싸한 말' 을 만들 필요는 없으며, 앵무새처럼 그대로 말을 되돌려 주는 것이 상대에게 가장 잘 전달됩니다. 또한 주위와의 관계성에 바람직한 점을 긍정적인 말로 전하는 것이 중요합니다. 대상자들의 대다수가 고립의 경험을 가지고 있으므로 신뢰감이라는 감정이 와 닿지 않는 사람이 의외로 많이 있습니다. 그러므로 사람과의 관계성을 쌓을 수 있는 것에 대해 정확히 칭찬하는 것이 중요합니다.

칭찬은 일종의 개입이라고 할 수 있습니다. 즉, 정확히 칭찬함으로써 원조관계가 더욱 견고해지고, 사회복지사가 대상자와 가족을 어떻게 보고 있는지가 확인되는 것입니다. 무엇보다 대상자 본인이 상황을 파악하는 관점이 바뀌어 더 바람직한 방향성으로 움직일 가능성이 커질 뿐 아니라 하고자 하는 의욕도 강해질 것입니다.

상담의 정리

되돌아봄과 정리를 위한 요약

- 문제상황
- 해결책과 당면의 과제

개입으로서의 칭찬(강점의 전달)

- 대처에의 경의 표현
- 당면의 과제 해결에 도움이 되는 강점, 힘
- 주위와의 양호한 관계성

기대한 상황에 맞춘 제안

- 상황보기 '다음 기회로의 연결'
- 불평불만 '관찰'
- 알려달라 '행동'

제 3단계는 제안입니다. 상대가 이 상황에 어떤 기대를 하고 있는가에 맞춘 제안입니다. 상황을 보는 중이라면 다음으로 이어지는 계속적인 원조 관계가 가장 좋습니다. 불평불만을 늘어놓는 상황이라면 문제 상황이 조금이라도 나아질 조짐은 없는지를 놓치지 않고 관찰해야 하며, 알려달라는 상황이라면 구체적인 행동의 제안을 하는 것이 중요합니다.

다만 행동의 제안이라는 것은 새로운 것을 여기에서 생각하기보다는 그동안의 대화 속에서 발견한 '당면의 목표를 실현하기 위해 가능하다고 생각되는 것을 해 주십시오.' 하는 형태가 될 것입니다.

① 연습을 체험해 본다

그럼 마지막의 '정리'도 연습을 해 봅시다.

감상을 공유합시다. 대화에서 얻은 감각을 소중하게 생각하고 말로 표현하며 되돌아봅시다. 실제로 느낀 것을 말로 나타내고, 위화감을 언어로 부딪치며 표현해 보십시오.

② 이념보다 대화의 감각을

해결중심접근법은 명확한 이념을 가지고 있지만 무엇보다 중요한 것은 '대화'로 무엇인가를 만들어 가는 과정입니다. 해결중심의 사고방식을 혼자 실천할 수도 있지만 대화가 보다 중요시됩니다.

혼자 생각하는 것 이상으로 대상자에게 있어서는 질문을 받고, 듣는 사람을 앞에 두고 그 대답을 생각하게 하는 과정이 중요합니다. 또한 사회복지사에게는 상대에게 맞춘 질문을 해서 그 대답을 받는 과정이 정말 중요합니다. 이 대화에 의해서 질문한 쪽도 생각하고 답한 쪽도 새로운 시야가 펼쳐져서 이야기의 전개가 완전히 바뀌는 것입니다. 연습을 통해 실제로 느껴 주시면 좋겠습니다.

 상담의 정리를 위한 연습

마지막은 듣는 사람의 입장에서 이야기를 정리하여 전해 주십시오.

- 오늘 아침의 상황, 생각 이상으로 좋을 것이라는 것
- 그것을 일으켜 낸 말하는 사람의 자원(개인의 힘, 자질, 가치관, 주위사람이나 애완동물, 지금까지의 역사 등)
- 그것에 관해 느낀 자신의 감동, 경위
- 멋진 해결책과 그것을 끄집어 내는 힘
- 내일부터 즐겁게 보내기 위해 본인이 해 보고 싶은 것의 지원

해결중심접근법에서 중요한 것

해결중심접근법은 혼자서 생각하는 것이 아니다.

- 질문하고 그 답을 받아들인다.
- 질문 받고 그 답을 생각한다.

이 두 가지의 주고받는 대화에 의해서 질문한 사람도, 질문을 받은 사람도 새로운 시야가 넓혀진다.

- 대화가 있는지 없는지에 따라서 전개가 완전히 달라진다.

제2부

'안심만들기 ·
안전탐색 ·
어프로치'의
실제
─기초편─

제3장

상담 · 신고 시의 대응

노인학대의 대응은 상담 · 신고를 받은 시점에서
시작됩니다.

1   기본정보의 확인

(1) 대응의 흐름과 기본정보의 확인

이 장에서부터 안심만들기 · 안전탐색 · 어프로치(AAA)에 의한 노인학대의 대
응법에 대해 구체적으로 설명해 가도록 하겠습니다. 우리는 지역포괄지원센터가

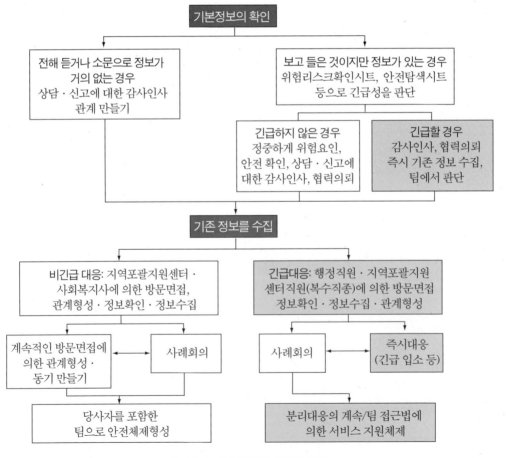

[그림 3-1] 노인학대 대응의 흐름

학대의 상담 · 신고를 받았을 경우, 대응의 기본적인 흐름을 [그림 3-1]과 같이 생각합니다.

상담 · 신고를 받았을 경우, 먼저 기본정보를 확인합니다. 기본정보란 어디의 누구에 대해서, 누가, 언제, 어떻게 했는지에 관한 정보입니다. 그리고 상담 · 신고해 온 사람은 어떤 관계인가, 이웃주민인지, 지역의 통 · 반장인지, 가정방문을 하고 있는 사회복지사인지, 서비스 제공을 하고 있는 요양보호사인지, 또 그 정보의 내용은 상담 · 신고자가 직접 본 것인지, 다른 사람을 통해서 들은 것인지, 앞으로 예상되는 걱정인지 등에 관한 것도 이야기를 듣는 중에 확인합니다.

또한 상담 · 신고자가 해당 사례에 대해 어떤 마음으로 연락을 한 것인지 이야기를 들으면서 생각해 봐야 합니다. 자신도 원조하고 싶다고 생각하는지, 예를 들어 같은 지역의 통 · 반장으로서 어떻게든 도와주고 싶은 생각에 연락을 한 것인지, 사회복지관계자로의 역할상의 책임이라고 생각해 신고한 것인지, 떨어져 사는 친척이 자신은 아무것도 할 수 없어 행정자치 쪽에서 어떻게든 해 주었으면 좋겠다고 생각하고 있는 것인지, 상담 · 신고자가 이야기를 하는 방법이나 내용에서 어떠한 마음을 가지고 있는지, 해당 사례에 어느 정도 관계하고 싶은 마음은 있는지 등 다양한 각도에서 감지해 가야 합니다.

포인트 8   **상담 · 신고를 받았을 때 확인하는 기본정보**

기본정보를 확인한다.
- 어디의 누구에 대해서 누가, 언제, 무엇을, 어떻게 했는가?
- 상담 · 신고자의 입장
- 본 것인가? 들은 것인가? 예상/걱정인가?

상담 · 신고자의 마음을 생각한다.
- 지원하고 싶은가?
- 역할상 책무라고 생각하는가?
- 자신은 아무것도 할 수 없지만 행정부서에서 어떻게든 해 주기를 원하는가?

(2) 상담 · 신고자의 이야기를 들을 때의 요령

상담 · 신고자의 이야기를 들을 때 부주의하게 '학대'라는 말을 하지 않고 상담 · 신고자가 했던 말 그대로 사용하도록 해야 합니다. 아시다시피 '학대'라는 말은 매우 강한 비난의 의미를 담고 있습니다. 이야기를 들으면서 "그것은 학대네요, 좀 더 자세하게 알려 주세요."라고 말하지 않고, 얼굴에 멍이 든 것 같다고 하면 "얼굴에 멍이 든 것 같다고요?"라고 반응합니다. 노인 자신이 아들에게 맞았다고 하면 "어르신이 아드님에게 맞았다고 말씀하셨네요?"라는 식으로 되묻습니다. 사회복지사가 부주의하게 '학대'라는 말을 사용하면 상담 · 신고자는 마음이 떠나게 되어 그 이상의 자세한 이야기를 하지 않게 되는 경우가 있습니다. 게다가 사회복지사가 '학대'라는 말을 사용하면 상대방에게는 상담기관의 공식 견해처럼 전달될 우려가 있습니다.

 포인트 9 상담 · 신고자의 이야기를 들을 때의 요령

부주의로 '학대'라는 말을 사용하지 않고 상담 · 신고자가 말한 언어를 그대로 사용한다.

- '상처가 있는 것 같다.'라고 말하는 상황
- '본인이 아들에게 맞았다고 말하고 있다.'라고 하는 것
- '가족이 전혀 돌보아 주고 있지 않다.'라는 상황

전문가가 부주의로 '학대'라는 말을 사용하면 상담 · 신고자는 마음이 떠나 오히려 본심을 말하지 않을 수 있다.

2 기본정보의 질과 양에 따른 대응

(1) 정보가 별로 없는 경우

이웃주민이 소문을 들었다고 신고해 온 경우, 해당 사례에 관한 정보가 거의 없거나 애매모호할 때가 있습니다. 불확실한 정보에는 바로 대응할 수 없습니다. 그러나 그 이후라도 정보를 제공받을 수 있는 관계 만들기가 중요합니다.

우선 상담 · 신고해 주신 것에 대해 위로나 감사의 말을 전합니다. 그리고 "그런 분이 계시는지 저희 쪽에서 확인하겠습니다." 등, 가능한 범위에서 "신고 잘 받았습니다. 대응하겠습니다." 라는 의미의 말로 회답합니다. 또 상담 · 신고자가 조금이라도 협조하려는 마음이 있다고 느껴지면 "앞으로 또 무슨 일이 있으면 전화를 주시겠습니까?"라고 앞으로의 협력을 부탁해 둡니다.

접수를 마치면 해당 사례가 있었는지에 대한 기존 정보를 조사하고 그 후 대응할 것인가 말 것인가를 검토합니다.

 포인트 10 **전해 들음 · 소문으로 정보가 별로 없는 경우**

불확실한 정보로는 대응할 수 없지만 그 후의 정보를 받을 수 있는 관계 만들기가 중요하다.

- 상담 · 신고에 대한 위로는 필수다.
- 가능한 범위에서 '정확히 신고(통보)받았다. 대응하겠다.' 라고 회답한다.
- 조금이라도 협조할 의사가 있는 경우에는 앞으로의 협력을 의뢰한다.
- 접수가 끝난 후 기존의 정보와 대조하고 그 후의 대응을 검토한다.

(2) 기본정보가 비교적 있는 경우 ①
- 균형 잡힌 전체적인 정보수집 -

　상담 · 신고자가 학대상황을 직접 보았거나, 들은 이야기이지만 많은 것을 알고 있는 경우, '위험리스크확인시트'([그림 3-2])와 '안전탐색시트'([그림 3-3])를 활용하여 이야기를 듣고, 노인과 그 가족, 그리고 가족 모두를 균형 잡힌 시각에서 전체적으로 이해하도록 합니다.

　학대사례이므로 위험과 리스크에 대한 정보만 수집하는 것이 좋으며, 그 이외의 정보는 가정방문에 의한 사실 확인 조사 때 하는 것이 좋다고 생각하는 사람도 많습니다. 그러나 우리는 빠른 단계부터 노인과 그 가족의 위험하고 부정적인 측면뿐 아니라, 안전으로 연결되는 긍정적인 측면에 대한 정보를 전체적으로 수집하는 것이 중요합니다.

　'위험리스크확인시트'([그림 3-2])는 이 책의 저자 중 한 사람인 소에다(副田)씨가 작성했던 '리스크 사정시트'를 개정한 것으로, 위험상황과 리스크를 확인하기 위한 시트입니다. 여기서 말하는 위험상황이란 노인에게 생기는 위험의 실태와 그것이 노인에게 미치는 영향입니다. 위험상황에 대해서는 분명하게 확인할 필요가 있습니다. 특히 반복해서 일어나는 위험 패턴이 있는지 없는지의 확인은 향후 위험을 예측하는 데 중요합니다.

　리스크는 향후 위험상황을 복잡하게 할 수 있는 요인입니다. 즉, 이대로 아무 것도 하지 않으면 지금의 위험상황을 더욱 악화시키거나, 개선을 곤란하게 만들어 버리는 요인을 나타내는 의미로서 리스크입니다.

위험리스크확인시트

상담·신고가 있었던 노인: 이 름 (   ) 성 별 (   )
연 령 (   ) 요양등급 (   ) 일시: 년   월   일
기입자 (   )

①~⑧에 대해서, 해당 사항을 ○로 표시해 주세요. '기타'에 대해서는 구체적으로 기입해 주세요.

★ 위험상황(학대의 사실)

레드	① 이미 심각한 결과가 발생하였습니까? 그 결과는 어떠한 상태입니까? 두부외상(혈종 골절), 복부 외상, 의식 혼탁, 중도 욕창, 심한 탈수증상, 반복적 탈수증상, 영양실조, 전신쇠약, 강한 자살염려, 기타 ( ) ② 대상자가 보호를 원하고 있습니까? 원한다면 그 상황을 자세히 ( )에 기입해 주세요. 대상자가 원하고 있다( ) 학대자가 대상자의 보호를 원하고 있다( ) ③ 대상자는 다음과 같이 하소연을 하고 있습니까? 대상자: 죽임 당한다, ○○가 무섭다, 아무것도 먹지 않았다, 기타 ( ) 학대자: 이대로는 무엇을 할지 모른다, 죽여 버릴지도 모른다, 기타 ( )

레드 : ①, ②, ③에 ○가 하나라도 있을 경우, 긴급 사례일 우려가 강함.

옐로우	④ 앞으로 심각한 결과를 초래할 우려가 있는 상태가 이미 예상됩니까? 그것은 어떠한 상태입니까? 두부타박, 안면타박·부종, 부자연스러운 내출혈, 화상, 비위생적, 두려워함, 기타( ) ⑤ 심각한 결과를 초래할 우려가 있는 폭력이나 반복되는 폭언, 방임의 연속성이 보입니까? 반복적 폭력(내용과 빈도:) 반복적 폭언(내용과 빈도:) 계속되는 방임(내용:)

옐로우 : ①~③에 ○는 없으나, ④나 ⑤에 ○가 하나라도 있을 경우, 앞으로 긴급 사례가 될 우려가 있음.

★ 리스크요인(상황을 복잡하게 하는 요인)

	⑥ 학대를 받고 있는 노인의 상태 치매 수준: I IIa IIb IIIa IIIb IV M ( ) 의사소통: 곤란, 불가 BPSD/주변증상: 배회, 폭력행위, 낮밤 역전, 불결행위, 실금, 기타 ( ) 병상도: J1 J2 A1 A2 B1 B2 C1 C2 ( ) 성격적 문제(편견): 충동적, 공격적, 집착증, 의존적, 기타 ( ) 장애 · 질환: 지적장애 ( ) 정신질환 ( ) 의존증 ( ) 기타 ( )
	⑦ 학대하고 있는 가족의 상태 정신적 안정도: 불안정, 판단력 저하, 비현실적 인식, 기타( ) 학대의 자각: 없음, 인정하지 않음 피학대자에 대한 감정: 거부적, 적대적, 기타 ( ) 장기간의 수발: ( )년 수발부담감: 상당히 있음, 조금 있음, 기타 ( ) 치매나 수발에 대한 지식 · 기술: 부족, 부적절, 오해, 기타 ( ) 성격적 문제(편견): 충동적, 공격적, 미숙함, 지배적, 의존적, 기타 ( ) 장애 · 질환: 지적장애 ( ) 정신질환 ( ) 의존증 ( ) 기타 ( ) 경제적 문제: 저소득, 실업, 빚, 피학대자에 경제적 의존, 기타 ( )
	⑧ 가족 전체의 상황 세대: 둘만의 생활, 기타 ( ) 가족관계: 학대자 · 피학대자 간의 불화, 공동의존관계, 학대자가 폭력의 피해자, 그 외 가족원 간의 불화 지원부족: 서비스 이용 없음, 그 외 가족이나 친척의 무관심, 이웃주민의 지원 없음 주거환경: 좁음, 비위생적, 노인의 방이 없음, 주위 환경이 나쁨, 기타 ( )

ⓒ AAA(안심만들기 · 안전탐색 · 어프로치연구회)

[그림 3-2] 위험리스크확인시트

안전탐색시트

상담 · 신고일시:

  일시: 년   월   일   이름 (   ) 담당자 (   )

상담 · 신고자: (   )

  사회복지사, 서비스사업자, 이웃주민, 지인, 통 · 반장, 피학
  대자 본인, 가족 · 친척, 학대자 자신, 행정직원, 경찰, 기타
  불명(익명 포함)

생태도(지노그램 포함)

상담 · 신고 동기:

  – 자신이 보고 들었다 (   )

  – 타인의 이야기 (   )

  – 소문 (   )

걱정과 대응

  – 그 밖에 걱정하는 사람이 있습니까? (   )

  – 지금까지 똑같은 일이 있었습니까? (   )

  – 지금까지 어떻게 하셨습니까? (   )

★안전탐색

⑨ 학대를 받는 노인의 강점	
• 자기자원	• 원조자원
[ ] 소통이 가능하다	[ ] 보호자 이외에 지원해 주는 가족, 친척이 있다( )
[ ] 자신의 의사를 표현할 수 있다	[ ] 신경 써 주는 이웃, 친구 등이 있다( )
[ ] 스스로 피난할 수 있다	[ ] 통 · 반장이나 자원봉사자가 방문한다( )
[ ] 경제적으로 자립	[ ] 사회복지사가 방문한다( )
[ ] 정신적으로 자립	[ ] 서비스를 이용하고 있다( )
[ ] 기타 ( )	[ ] 취미를 가지고 있다( )
	[ ] 기타( )

⑩ 학대하는 가족의 강점	
• 자기자원	• 원조자원
[ ] 학대나 방치하고 있지 않을 때가 있다	[ ] 지원해 주는 가족, 친척이 있다( )
[ ] 돌보려는 의욕이 있다	[ ] 상담이나 이야기할 수 있는 친구가 있다( )
[ ] 돌봄 지식이나 기술을 배우려는 마음이 있다	[ ] 서비스를 이용하고 있다( )
[ ] 노인에 대한 배려가 있다	[ ] 긴장을 풀 시간이나 장소가 있다( )

[ ] 지원을 바라고 있다	[ ] 취미가 있다( )
[ ] 기타 ( )	[ ] 기타 ( )

⑪ 가족 전체의 강점

• 내적 자원

[ ] 두 사람의 관계는 원래 나쁘지 않다

[ ] 가정의 분위기는 원래 나쁘지 않다

[ ] 기타 (   )

• 외적 자원

[ ] 신경 써 주는 친척이 있다(   )

[ ] 모두가 예뻐하는 애완견이 있다(   )

[ ] 주거환경은 나쁘지 않다(   )

[ ] 기타(   )

© AAA(안심만들기 · 안전탐색 · 어프로치연구회)

[그림 3-3] 안전탐색시트

 포인트 11   위험리스크확인시트

__위험상황__ = 노인에게 일어나고 있는 것, 그것이 노인에게 미치는 영향

• 위험상황은 분명하게 확인하는 것이 중요

→ 앞으로의 위험을 가장 잘 예고하는 것은 과거의 위험패턴

__리스크__ = 위험상황을 복잡하게 할 우려가 있는 요인

'안전탐색시트'([그림 3-3])는 해당 사례의 안전에 연결되는 신호를 확인하기 위한 시트입니다.

안전이란 위험상황이 발생할 수밖에 없는 상태에서 일어나는 '예외', 즉 위험상황이 생기지 않는 상황입니다. 그 '예외'는 우연히 발생하는 것이 아니라 노인 본인이나 가족 혹은 가족 전체에 의해서 만들어지는 것이라고 우리는 생각합니다. 즉, 본인이나 가족, 가족 전체가 가지고 있는 강점이나 힘입니다. 여기에서 이것을 '자기자원'이나 '원조자원'으로 표현하지만, 그것이 '예외'를 만들어 낸다고 생각합니다. 따라서 예외를 만들어 낼 가능성이 있는 '자기자원'과 '원조자원'을 할 수 있는 한 많이 알아내도록 합니다. '원조자원'을 가지고 있다는 것은 원조를 끌어 내어 이용할 수 있는 힘을 가지고 있다는 말입니다.

'안전탐색시트'에서는 '자기자원'과 '원조자원'의 예를 제시하고, 해당하는 곳에 ○표를 표시하도록 하였습니다. 그러나 이것은 어디까지나 예시입니다. 이야기를 듣고 있는 가운데 강점(자기자원, 원조자원)이라고 생각되는 것이 있으면 '기타'란에 기록합니다.

'안전탐색시트'를 활용하면 강점을 찾아내는 시각을 비교적 쉽게 이해할 수 있고, 그 결과로서 본인이나 가족, 가족 전체에 대해 부정적인 면과 긍정적인 면을 균형 있게 바라보는 것이 가능해집니다. 위험에 관한 정보만으로는 노인은 힘이 없고 보호받아야 할 사람, 가족은 위험하고 무서운 사람, 혹은 많은 문제를 가진 사람, 가족 전체가 염려되는 것이 많은 가족이라는 부정적인 이미지가 강해집니다. 그러한 이미지는 가정방문을 하는 사회복지사에게 커다란 긴장감을 주게 되어 불안이나 두려움을 갖게 합니다. 그러나 조금이라도 강점에 관한 정보가 있으면 그 긴장감은 완화될 가능성이 있습니다. 또한 강점에 관한 정보는 가정방문 때 대화를 이어가기 위한 이야깃거리가 될 수 있습니다. 게다가 안전하다고 생각되는 상태, 즉 해결 상태를 본인이나 가족이 만들어 갈 때 이러한 강점을 활용할 수 있습니다.

포인트 12   안전탐색시트

안전 = 위험상황이 발생할 수밖에 없는 상태에서 일어나는 '예외'
예외를 만들어 내는 것도 당사자이다.
- 안전을 만드는 것은 노인과 가족, 가족 전체의 강점(자기자원, 원조자원)
- 할 수 있는 한 많은 강점을 알아낸다.

(3) 기본정보가 비교적 있는 경우 ② - 위험상황의 확인 -

'위험리스크확인시트'([그림 3-2])의 '레드'와 '옐로우' 부분이 위험을 나타내는 항목입니다. 상담 · 신고자의 이야기를 들으면서 '레드'의 ①이나 ②, ③ 중 어느 것 하나라도 ○가 체크될 경우 그것만으로 긴급대응이 필요한 상태라고 할 수 있습니다. 다만 이러한 경우에도 안전에 연결되는 강점을 찾아내는 시각이 필요합니다. 긴급대응으로 노인을 분리보호했을 경우라도 노인이 자택으로 되돌아올 가능성이 있습니다. 또 긴급대응이라도 가족의 강점을 확인할 수 있다면 가족에 대한 부정적인 생각을 다소 약화시킬 수 있을지도 모릅니다.

한 사례로, 평소부터 어머니에 대해 "빨리 죽어 버려!"라고 소리친 적이 많았던 아들이, 그날도 소리치며 어머니의 어깨를 잡고 강하게 흔들어서 어머니가 휘청거리며 쓰러졌습니다. 쓰러질 때 옷장에 머리를 부딪혀 의식을 잃은 어머니를 보고 아들은 구급차를 불렀습니다. 자주 "죽어 버려!"라고 소리치는 아들이었지만 어머니가 걱정되어 재빨리 구급차를 부를 때의 감정과 행동을 아들의 강점이라고 본다면, 어머니에게 매일 소리치고 폭력까지 휘두르는 비정한 아들과 같은 부정적인 이미지는 약해지지 않을까요?

'레드'에 ○가 1개도 체크되어 있지 않지만, '엘로우'의 ④와 ⑤에 ○가 체크되어 있는 경우에는 향후 언제라도 긴급한 사례가 될 우려가 있는 것으로 보고 리스크확인이나 강점 찾기를 주의 깊게 해 나가야 합니다. 리스크요인의 ⑥, ⑦, ⑧에 예시되어 있는 항목의 몇 개에 ○가 체크되고, '안전탐색시트'([그림 3-3]) 자원의 항목에 ○가 대부분 체크되지 않았다면, 분리보호나 집중적 원조가 필요하다고 생각할 수 있습니다. 리스크요인에도 몇 개의 ○가 체크되고, '안전탐색시

 포인트 13 　**위험리스크확인시트를 사용한 위험상황의 확인**

위험상황이 레드에 해당되는 경우
- 긴급대응이 필요한 상황이라고 생각한다.
- 레드의 경우에도 안전에 연결되는 강점을 찾는 시각을 잃지 않는다.

위험상황이 엘로우에 해당되는 경우
- 긴급대응이 필요할 것이라고 생각한다.
- 리스크나 강점을 주의 깊게 물어 간다.

트'의 자원 항목에 다수의 ○가 체크되면 분리보호를 할 필요가 있다는 시각을 가지고, 우선은 집중적 원조가 필요하다고 생각할 수 있습니다.

어쨌든 상담·신고자로부터 시트에 기재되어 있는 모든 항목의 정보를 얻어 낼 수는 없을 것입니다. '레드'의 긴급대응이 필요한 사례, '옐로우'의 분리보호나 집중적 원조가 필요한 사례 등 대화를 나누면서 느낀 것이라고 하더라도 혼자서 판단하지 말고 팀에서 판단하도록 합니다. 그것이 확실한 사실인지의 여부는 아직 불분명합니다. 상담·신고자와 이야기를 나눈 후에 기존 정보를 수집하고, 가정방문에 의한 정보 수집을 통해 사실을 확인합니다. '위험리스크확인시트'와 '안전탐색시트'는 기존 정보를 수집할 때나 가정방문조사 때 활용하도록 합니다. 새롭게 수집한 정보는 상담·신고 때와 다른 색의 펜으로 기입하고 날짜를 적어 두는 것이 좋습니다.

덧붙여 말하면 우리는 '레드'나 '옐로우'가 없는 사례는 학대사례가 아니라고 말하는 것은 아닙니다. 우리는 학대인지 아닌지를 판단하는 것이 중요하다고 생각하는 것이 아니라 학대라고 말할 수 있을지 없을지 모르는 그레이존의 사례도 지원을 필요로 하는 사례이며, 아무것도 지원하지 않으면 학대 상황이 야기될 우려가 있으므로 학대 방지의 관점에서 지원할 필요가 있다고 생각합니다.

3 상담 · 신고자에의 대응

(1) 긴급대응 사례의 경우

상담·신고자의 이야기를 듣는 가운데, 그것이 긴급대응이 필요한 사례라고 생각되면 빨리 기존 정보를 수집하는 동시에 팀에서 긴급성을 판단하여 신속히 방문조사를 합니다. 사례에 대한 대응은 서둘러야 하지만, 상담·신고자에 대해서도 이야기를 끝내기 전까지는 제대로 대응해야 합니다.

상담 · 신고자에게는 신고한 것과 정보를 제공해 준 것에 대해 감사한 마음을 전하고 그 행위를 격려하고 위로합니다. 그리고 향후 어떻게 대응해 갈 것인가에 대한 전망을 간단하게 전달합니다. 예를 들면, "이쪽에서 방문조사를 하겠습니다." 라든가 "대응 팀에서 즉시 검토회의를 열고 대응하겠습니다." 라고 회답합니다. 이렇게 하면 상담 · 신고자는 '걱정이 되어 전화했지만, 앞으로 어떻게 될까?' 라는 불안을 줄일 수 있을 것입니다.

또 이야기를 듣는 중에 상담 · 신고자 자신도 무엇인가 도와주고 싶다고 생각하고 있는지, 어떤 역할에 대한 책임감으로 정보를 제공하고 있는지, 일단 신고했으니 나머지는 대응해 주면 좋겠다고 생각하는지, 또 앞으로도 정보제공이나 동행방문 등에 협력해 주실 수 있는지도 여쭈어 봅니다. 협력해 주실 수 있다고 한다면 성함과 전화번호를 확인하고, 연락 시에 이쪽의 기관명으로 해도 좋은지 확인해 둡니다.

이야기가 끝나면 기관 내 기존 정보를 확인하는 동시에, 노인지원과에 연락하고 행정 내 기존 정보의 수집을 의뢰합니다. 지역포괄지원센터와 노인지원과에 의한 검토회의를 열고 상담 · 신고자에게 얻은 정보와 기존 정보를 합쳐 긴급대응이 필요한 사례인지에 대해 검토하고, 가정방문조사의 담당자, 날짜 등을 확인

 포인트 14 **긴급대응이 필요한 경우**

상담 · 신고자에의 대응

- 상담 · 신고와 정보제공에 감사와 위로의 말을 한다.
- 향후 대응에 대한 전망을 말해 준다.
- 상담 · 신고자의 기분에 맞춘 협력의뢰를 부탁한다.

팀으로 판단하고 긴급대응

- 빠르게 기존 정보를 수집한다.
- 신속한 가정방문을 실행한다.

합니다. 검토회의 전에 노인지원과와 지역포괄지원센터 직원이 함께 가정방문조사를 실시하고 거기서 얻은 정보를 바탕으로 사례회의를 하는 절차를 취합니다. 결국 긴급대응이 필요한 사례에 대해서는 행정기관이 첫 단계부터 적극적으로 관여해야 합니다.

　기존의 정보가 지역포괄지원센터나 노인지원과에서 상담을 했던 사례라면, 예를 들어 장기요양서비스를 받고 있으면 사회복지사에게, 그리고 그 정보를 통·반장이 알고 있다면 그 정보를 제공받아 해당사례에 대해 다면적으로 이해하도록 합니다. 노인이 생활보호를 받고 있으면 그 담당 사회복지사로부터, 또 가족 중에 정신장애를 가진 아들이 있다면 장애담당 사회복지사에게 정보를 제공받도록 합니다. 위탁형 지역포괄지원센터의 경우, 통상 노인지원과를 통해서 의뢰하게 됩니다. 자치단체에 따라서는 학대대응에 관해 시·군·구 내의 연락팀이나 네트워크를 만들어 두고, 의뢰가 있으면 신속하게 대응하는 동시에 각 부서에서 노인학대가 의심되는 사례가 있으면 그 정보를 노인지원과에 제공하고, 노인지원과의 판단으로 그것을 지역포괄지원센터에 전달하는 구조로 진행하는 곳도 있습니다. 가정방문에 의한 조사의 일차적 목적은 입수한 정보를 확인하고, 학대의 사실을 확인하는 것이지만, 긴급사례라도 가족의 이야기를 제대로 듣고, 거실 안이나 주택 환경 등의 관찰을 통해서 새로운 정보를 수집하고, 가족과 앞으로 대화할 수 있는 관계를 만들어 가는 것이 중요합니다. 노인을 긴급하게 분리보호하더라도 일시적인 입원 혹은 입소 후의 대응을 가족과 상의할 필요가 있습니다. 또한 분리된 노인이 빨리 집에 돌아가고 싶다거나, 가족을 만나고 싶다고 할 경우 그것에 대해 가족과 상의할 필요가 있기 때문입니다.

(2) 긴급히 대응해야 할 사례가 아닌 경우

　상담·신고자의 이야기를 통해 긴급히 대응해야 할 사례가 아니라고 판단할 경우 '위험리스크확인시트'와 '안전탐색시트'를 활용하여 정중히 상황을 묻고, 리스크요인을 확인하는 동시에 안전에 연결되는 강점은 무엇이 있는지 확인합니다.

포인트 15   긴급대응이 필요하지 않을 경우

위험리스크확인시트와 안전탐색시트를 활용하여 이야기를 정중히 듣는다.

상담 · 신고에의 대응

- 상담 · 신고와 정보제공에 대해 감사와 격려를 한다.
- 향후 대응에 대해 전달한다.
- 상담 · 신고자의 의도에 맞는 협력의뢰를 부탁한다.

포인트 16   상담 · 신고자로부터 이야기를 들을 때의 요령

상담 · 신고자가 이야기하는 내용의 흐름에 맞추어 적절하게 질문한다.

- 시트 항목을 차례로 질문하는 것이 아니라 상담 · 신고자가 이야기하고 싶은 것에 맞추어 질문한다.
- 상담 · 신고자의 이야기 속에서 신경 쓰이는 점이 있으면 앵무새대화법을 고려하여 적절히 질문한다.
- 시트의 항목을 읽어 가는 것은 하지 않는다.
- 한 번에 모든 정보를 파악할 필요는 없다.
- 한 번의 상담 · 신고로 바로 결론을 내리고 하지 않는다.

이야기가 끝나면 긴급대응 사례의 경우와 같이 상담 · 신고자에게 감사와 격려, 또 향후 대응에 대해 전하고, 상담 · 신고자의 의중에 맞는 협력을 의뢰합니다.

'위험리스크확인시트'와 '안전탐색시트'에 대해 기재된 항목을 위에서부터 순차적으로 묻는 심문조사 방법이 아니라, 사회복지사에게 '이야기하고 싶다.' '이야기하지 않으면 안 된다.'라는 마음을 갖도록 물어 봅니다. 사회복지사는 대화 중에 궁금한 점이 있으면 앵무새대화법을 사용하는 등 적절한 질문을 합니다. 한 번에 모든 정보를 파악할 필요는 없습니다. 또 그렇게 할 수도 없습니다. 1회의 상담 · 신고로 바로 결론을 내리지 않도록 합시다.

'안전탐색시트'에 있는 생태도나 '안전탐색'의 강점에 관한 정보는 당사자의 생활 전체를 이해하는 동시에 향후 원조 계획의 검토를 위해 중요한 기초정보가 됩니다.

그리고 긴급대응 사례의 경우와 같이 상담 · 신고자에게 감사와 격려의 말을 전합시다. 정보의 많고 적음에 상관없이, 또 긴급성 유무에 관계없이 상담 · 신고자에게 감사나 격려를 전할 필요가 있습니다.

학대가 틀림없거나 학대일지도 모른다고 생각해서 상담 · 신고한 경우라도 '남의 집안일을 이야기해도 좋을까?' 혹은 '가족도 문제는 있지만 나름대로 노력하고 있으니 아직 말하지 않는 것이 좋지 않을까?' 등 상담 · 신고자는 불안과 망설임을 느끼며 연락해 왔을지도 모릅니다. 혹은 상당히 고민을 거듭한 후에 겨우 연락했을지도 모릅니다. 그러한 불안 · 망설임과 걱정이 있는데도 불구하고 상담 · 신고를 해 준 것에 격려와 감사를 전하는 것은 '상담 · 신고해서 다행'이라는 마음을 갖게 하고, 상담 · 신고자의 불안이나 고민을 조금이나마 가볍게 하는 것에 기여할 것입니다.

'상담 · 신고해서 다행'이라고 생각되는 마음은 상담 · 신고의 이야기를 들은 사회복지사나 기관에 대한 바람직한 감정을 만들어 낼 가능성이 있습니다. 그 바람직한 감정은 향후 협력해 줄 가능성, 게다가 함께 관계해 가는 마음을 가져줄

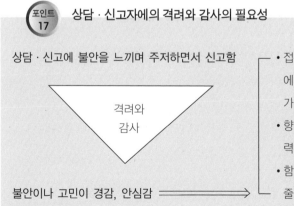

포인트 17 **상담 · 신고자에의 격려와 감사의 필요성**

상담 · 신고에 불안을 느끼며 주저하면서 신고함

격려와 감사

불안이나 고민이 경감, 안심감

- 접수창구의 담당자나 기관에 대해 바람직한 감정을 가져줄 수 있는 가능성
- 향후 정보제공 등에서 협력해 줄 가능성
- 함께 해당 사례에 관계해 줄 가능성

포인트 18　상담 · 신고자에 대한 협력의뢰의 예

협력하고 싶은 마음을 가지고 있으면 구체적인 행동을 의뢰한다.
• "가정방문을 하게 될 것 같습니다. 그때 함께 동행해 주시겠습니까?"

별로 관여하고 싶지 않다는 마음을 가지고 있으면 비밀보장을 약속하고 정보제공만
이라도 의뢰한다.
• "이후라도 신경 쓰이는 것이 있으면 연락해 주세요."

가능성이 많아질 것이라 생각합니다.

상담 · 신고자가 앞으로도 해당 사례에 관계하고, 사례대응에 협력하고 싶다는 마음을 가지고 있다면 구체적인 행동을 부탁해 봅니다. 예를 들어, "해당 사례가 전부터 걱정되었는데 도와드릴 수 있다면……." 하고 전화를 걸어 준 통 · 반장이 있으면 그에게 "가정방문을 할 때 같이 가 주실 수 있습니까?"라고 동행방문을 의뢰합니다. "가족도 나름대로 노력하고 있으므로 어떻게든 지원하고 싶다."고 말하는 사회복지 관계자가 있다면 그에게도 동행방문을 의뢰하는 동시에 그 후의 사례회의 참가도 부탁합니다.

일단 신고 전화는 했지만 앞으로 관계를 맺고 싶지 않다는 상담 · 신고자가 있다면 전화를 걸었던 것과 이야기의 내용에 대해 비밀 보장을 약속하고 "앞으로도 무슨 일이 있으시면 꼭 연락해 주세요."라고 정보제공만을 의뢰하는 것으로 남겨 둡니다.

4 상담·신고 시 면접의 역할놀이

(1) 장면설정과 과제

상담·신고를 받았을 때 주고받은 대화의 경과를 역할놀이로 경험해 봅시다. 둘이서 짝을 이룹니다. 시나리오의 설정은 이세씨라는 노인의 이웃에 사는 나카노씨라는 분으로부터 지역포괄지원센터에 신고가 들어왔던 사례입니다.

역할놀이의 시나리오(자료 1. 이 책 216~219 페이지)를 보면 글자가 두껍고 고딕체로 되어 있는 곳이 있습니다. 예를 들면, 〈상담·신고자의 말을 그대로 사용하고 상황을 좀 더 자세하게 확인하기 위한 질문을 해 주세요.〉라는 것입니다. 여기서는 상담·신고자의 말을 사용하여 상황을 더욱 자세하게 물어 보세요. 또 〈상담·신고해 주신 것을 격려하며 감사의 인사를 해 주세요.〉라든가 〈앞에서 말한 것에서 아들의 강점, 장점을 확인할 수 있는 말을 해 보세요.〉라고 되어 있습니다. 그 지시대로 즉흥적으로 대사를 말해 주세요. 그리고 여기까지 하면 역할을 교대해 주세요.

교대 후에 시나리오대로 대사를 서로 말합니다. 끝날 무렵에는 상담·신고자인 나카노씨의 상황을 근거로 하여 전화 주신 것에 감사 인사를 하고, 향후 대응 전망에 대해 전달합니다. 또, 앞으로의 협력을 의뢰해 봅니다. 그 후에 "나카노씨는 앞으로 별로 관여하고 싶지 않다고 생각하고 있으므로 비밀보장에 대한 약속을 하고 또 무슨 일이 있으면 전화해 주시도록 부탁합니다."라는 곳에서도 지시에 따라 즉흥적으로 말해 봐 주세요.

이 사례는 나중에도 사용하기 때문에 사례를 파악해 주기 위해서도 역할놀이를 꼭 해 주시기 바랍니다.

(2) 역할놀이에서의 대화의 예

어떠셨습니까? 그럼 즉흥적 반응의 부분을 위에서부터 순차적으로 살펴봅시다.

먼저 〈상담 · 신고자의 말을 그대로 사용하고 상황을 좀 더 자세하게 확인하기 위한 질문을 해 주세요.〉라고 지시하는 부분은, 예를 들면 "이웃에 사는 아들이 어머니를 무척 괴롭힌다는 것이군요. 어떤 느낌이신지요?"라고 하는 것입니다.

다음은 〈여기에서도 상담 · 신고자의 말을 사용하여 상황을 더욱 자세하게 물어보세요.〉라는 부분에서는 "짜증이 난다."고 말하면 앵무새대화법으로 묻는 것이 좋습니다.

〈상담 · 신고해 주신 것을 격려하며 감사의 인사를 해 주세요.〉에 대해서는 "그렇습니까? 이웃분들과 상담해 주시고 걱정되어 전화해 주신 거네요. 협조해 주셔서 감사합니다."라고 말하는 것도 좋을 것입니다.

〈앞에서 말한 것에서 아들의 강점, 장점을 확인할 수 있는 말을 해 보세요.〉의 부분에서는 "그렇습니까? 그런 일도 있었네요. 어머니를 그리워하는 상냥한 아들이었군요."라고 말할 수도 있습니다.

〈상담 · 신고자인 나카노씨의 상황을 근거로 하여 전화 주신 것에 감사인사를 하고, 향후 대응전망에 대해 전합시다.〉라는 곳에서는 "오늘 전화 주셔서 정말 감사합니다. 조속히 이쪽에서도 검토해서 이세씨 가족이 안심하고 생활할 수 있는 방법을 찾도록 하겠습니다."라고 말하는 것도 좋을 것입니다.

〈또, 앞으로의 협력을 의뢰해 봅시다.〉에서는 "앞으로 무슨 일이 있으면 나카노씨에게 연락해도 괜찮으신지요?"와 같이 부탁해 봅니다.

마지막에 〈앞으로 별로 관여하고 싶지 않다고 생각하고 있으므로 비밀보장에 대한 약속을 하고, 또 무슨 일이 있으면 전화해 주시도록 부탁합니다.〉라는 부분에서는 "물론입니다. 나카노씨로부터 전화가 왔었던 것은 말하지 않을 테니 안심하세요. 하지만 또 무슨 일이 있으면 꼭 연락해 주시겠습니까?"라고 부탁해 둡니다.

이상은 어디까지나 예를 든 것으로 똑같지 않아도 상관없습니다. '앵무새대화법'으로 이야기를 더욱더 경청할 수 있도록 하고, 격려나 감사의 말을 자연스럽게 하며, 강점을 확인하고, 협력을 의뢰하는 등 자신만의 방법으로 도전해 봅시다. 상담·신고를 받았을 때 위험상황이나 리스크에 관한 정보를 수집하는 일에 전념할 뿐만 아니라, 앞에서 말한 것을 의식적으로 시도해 봐 주세요.

　역할놀이 후에 이세씨 사례에 대해 '위험리스크확인시트'와 '안전탐색시트'를 기입해 주세요. 이야기를 들으면서 기입해도 괜찮습니다. 아직 확인할 수 없지만 아마 이런 일일 것이라는 정보에 대해서는 기록한 뒤에 물음표(?)를 기입해 두면 좋을 것입니다. 물음표(?)가 붙어 있으면 다음 기회에 꼭 확인해 봐야겠다는 마음이 생깁니다. 기존 정보의 수집이나 가정방문에 의한 정보수집으로 그 정보를 분명하게 확인할 수 있다면 다른 색의 펜으로 기재합니다.

　'안전탐색시트'에는 생태도를 그리는 공간이 있습니다. 생태도에 관한 설명은 여기에서는 생략합니다. 이세씨의 사례에 대해 기록한 '위험리스크확인시트'([그림 3-4])와 '안전탐색시트'([그림 3-5])에 기록한 견본을 참조해 주세요.

　다음에서는 드디어 사실 확인과 관계 만들기를 위한 가정방문에 대해 설명하도록 하겠습니다.

위험리스크확인시트(기입 예)

상담 · 신고가 있었던 노인: 이 름 (이세)   성 별 (여성)

연 령 (   )   요양등급 (   )   일시: 년   월   일

기입자 (   )

①~⑧에 대해서, 해당 사항을 ○로 표시해 주세요. '기타'에 대해서는 구체적으로 기입해 주세요.

★ 위험상황(학대의 사실)

레 드	① 이미 심각한 결과가 발생하였습니까? 그 결과는 어떠한 상태입니까? 두부외상(혈종 골절), 복부 외상, 의식 혼탁, 중도 욕창, 심한 탈수증상, 반복적 탈수증상, 영양실조, 전신쇠약, 강한 자살염려, 기타 ( )
	② 대상자가 보호를 원하고 있습니까? 원한다면 그 상황을 자세히 ( )에 기입해 주세요. 대상자가 원하고 있다 ( ) 학대자가 대상자의 보호를 원하고 있다 ( )
	③ 대상자는 다음과 같이 하소연을 하고 있습니까? 대상자: 죽임 당한다, ○○가 무섭다, 아무것도 먹지 않았다, 기타 ( ) 학대자: 이대로는 무엇을 할지 모른다, 죽여 버릴지도 모른다, 기타 ( )

레드 : ①, ②, ③에 ○가 하나라도 있을 경우, 긴급 사례일 우려가 강함.

옐 로 우	④ 앞으로 심각한 결과를 초래할 우려가 있는 상태가 이미 예상됩니까? 그것은 어떠한 상태입 니까? 두부타박, 안면타박 · 부종, 부자연스러운 내출혈, 화상, 비위생적, 두려워함, 기타 ( )
	⑤ 심각한 결과를 초래할 우려가 있는 폭력이나 반복되는 폭언, 방임의 연속성이 보입니까? 반복적 폭력 (내용과 빈도: 손을 든다. 가끔 보인다) 반복적 폭언 (내용과 빈도: 큰 소리를 낸다. 화를 낸다. 가끔) 계속되는 방임 (내용:)

옐로우 : ①~③에 ○는 없으나, ④나 ⑤에 ○가 하나라도 있을 경우, 앞으로 긴급 사례가 될 우려가 있음.

★ 리스크요인(상황을 복잡하게 하는 요인)

⑥ 학대를 받고 있는 노인의 상태

치매 수준: I　　IIa　　IIb　　IIIa　　IIIb　　IV　　M　　(중간정도)

의사소통: 곤란, (불가)

BPSD/주변증상: 배회, 폭력행위, 낮밤 역전, 불결행위, (실금) 기타 (변실금 있음)

병상도: J1　　J2　　A1　　A2　　B1　　B2　　C1　　C2　　(　　　　　　　)

성격적 문제(편견): 충동적, 공격적, 집착증, 의존적, 기타 (　　　　　　)

장애·질환: 지적장애 (　　) 정신질환 (　　) 의존증 (　　) 기타 (　　)

---

⑦ 학대하고 있는 가족의 상태

정신적 안정도: 불안정, 판단력 저하, (비현실적 인식), 기타 (색칠놀이 등을 억지로 시키려고 함)

학대의 자각: 없음, 인정하지 않음

피학대자에 대한 감정: 거부적, 적대적, 기타 (　　　　　　　)

장기간의 수발: (7)년

수발부담감: 상당히 있음, 조금 있음, 기타 (부담을 느끼지 않는다?)

치매나 수발에 대한 지식·기술: 부족, 부적절, 오해, 기타 (치매를 고치고 싶다고 생각한다)

성격적 문제(편견): 충동적, 공격적, 미숙함, 지배적, 의존적, 기타 (　　　　　　)

장애·질환: 지적장애 (　　) 정신질환 (　　) 의존증 (　　) 기타 (　　)

경제적 문제: 저소득, 실업, 빚, 피학대자에 경제적 의존, 기타 (　　　　　　)

---

⑧ 가족 전체의 상황

세대: (둘만의 생활), 기타 (　　　　　　　　　　)

가족관계: 학대자·피학대자 간의 불화, 공동의존관계, 학대자가 폭력의 피해자,

　　　　　그 외 가족원 간의 불화

지원부족: 서비스 이용 없음, 그 외 가족이나 친척의 무관심, 이웃주민의 지원 없음

주거환경: 좁음, 비위생적, 노인의 방이 없음, 주위 환경이 나쁨, 기타 (　　　　)

ⓒ AAA(안심만들기·안전탐색·어프로치연구회)

[그림 3-4] 위험리스크확인시트(기입 예)

안전탐색시트(기입 예)

상담 · 신고일시:

　일시:　　　　년　　　월　　　일　　　　이름 (이세) 담당자 (　　　　　)

상담 · 신고자: (　　　　　　　　　)

　사회복지사, 서비스사업자, (이웃주민) 지인, 통 · 반장, 피학
　대자 본인, 가족 · 친척, 학대자 자신, 행정직원, 경찰, 기타
　불명(익명 포함)

상담 · 신고 동기:

　– 자신이 보고 들었다(아들이 억지로 운동이나 그림그리기 등을
　　시켜 치매를 방지하려 한다. 실금이 있었을 때 손을 들고 큰소리
　　를 지른다.)

　– 타인의 이야기 (　　　　　　　)

　– 소문 (　　　　　　)

걱정과 대응

　– 그 밖에 걱정하는 사람이 있습니까? (이웃이나 통 · 반장)

　– 지금까지 똑같은 일이 있었습니까? (　　　　　　　)

　– 지금까지 어떻게 하셨습니까? (이웃과 이야기 하고 걱정하고 있었다)

★안전탐색

⑨ 학대를 받는 노인의 강점	
• 자기자원	• 원조자원
[○] 소통이 가능하다	[　] 보호자 이외에 지원해 주는 가족, 친척이 있다(　)
[○] 자신의 의사를 표현할 수 있다	[○] 신경 써 주는 이웃, 친구 등이 있다(나카노씨. 세다씨)
[　] 스스로 피난할 수 있다	[○] 통 · 반장이나 자원봉사자가 방문한다(야스노통반장)
[　] 경제적으로 자립	[○] 사회복지사가 방문한다(방문하고 있다　　　)
[　] 정신적으로 자립	[○] 서비스를 이용하고 있다(방문요양　　　)
[○] 기타 (젊었을 때는 예뻤다)	[　] 취미를 가지고 있다(　　　　　　)
	[　] 기타(　　　　　　)
⑩ 학대하는 가족의 강점	
• 자기자원	• 원조자원
[　] 학대나 방치하고 있지 않을 때가 있다.	[　] 지원해 주는 가족, 친척이 있다(　　　)
[○] 돌보려는 의욕이 있다	[　] 상담이나 이야기할 수 있는 친구가 있다(　)

생태도(제노그램포함)

사회복지사
이웃
통 · 반장
요양보호사)
장남　차남

[ ] 돌봄 지식이나 기술을 배우려는 마음이 있다	[○] 서비스를 이용하고 있다( )
[○] 노인에 대한 배려가 있다	[ ] 긴장을 풀 시간이나 장소가 있다( )
[ ] 지원을 바라고 있다	[ ] 취미가 있다( )
[ ] 기타 ( )	[ ] 기타 ( )

⑪ 가족 전체의 강점

• 내적 자원	• 외적 자원
[○] 두 사람의 관계는 원래 나쁘지 않다	[ ] 신경 써 주는 친척이 있다( )
[ ] 가정의 분위기는 원래 나쁘지 않다	[ ] 모두가 예뻐하는 애완견이 있다( )
[ ] 기타 ( )	[ ] 주거환경은 나쁘지 않다( )
	[ ] 기타 ( )

ⓒ AAA(안심만들기·안전탐색·어프로치연구회)

[그림 3-5] 안전탐색시트(기입 예)

제4장

사실 확인과 관계형성을 위한
가정방문

가정방문을 통한 사실 확인과 관계형성 방법에 대해 구체적으
로 배워 갑시다.

1 # 가정방문의 목적과 사전준비

(1) 목적

우선 방문조사의 목적에 대해 알아봅니다. 방문조사에서는 무엇보다 먼저 그 세대에 '위험과 리스크'는 없는지, 그리고 '안전'에 연결되는 강점이나 힘은 어느 정도 찾을 수 있는지의 사실을 확인합니다. 제3장에서 배운 바와 같이, 현상에 대해서 긍정적이거나 부정적인 측면의 모든 정보를 균형 있게 수집함으로써 학대의 유무 및 긴급대응의 필요성에 대한 정확한 판단이 가능해집니다.

두 번째 목적은 당장의 안전이 확인된 뒤에는 위험 · 리스크 · 안전의 확인과 병행하여 본인과 가족과의 '관계형성'을 시도합니다. 이런 긴박한 상황에서 무슨 느긋한 말을 하고 있냐고 할 수 있을 것입니다. 그러나 상대와 의사소통이 되지 않으면 확실한 정보수집, 정확한 사실을 확인할 수 없습니다. 또한 학대 대응에서는 장기간에 걸쳐 대상자와 학대를 하는 가족의 관계가 지속됩니다. 따라서 관계의 초기 단계부터 종결 시점까지 상대와 관계가 끊어지지 않기 위해서는 관계형성이 필수적인 요소입니다.

세 번째 목적은 가족의 어려움 · 욕구에 관한 초기사정입니다. 어려움 · 욕구의 본격적인 사정은 제5장의 '안심만들기'에서 다루어지므로 여기서는 사정의 기초

 포인트 19 **방문조사의 목적**

위험 · 리스크 · 안전의 확인→사실 확인

관계형성(원만한 소통)

어려움 · 욕구의 초기사정

가 되는 생활 속에 숨겨져 있는 다양한 지원의 단서를 찾아보도록 하겠습니다.

(2) 사전준비

[그림 4-1]과 같이 상담 · 신고 접수 종료 후에 방문조사를 실시하게 됩니다. [그림3-1]에도 같은 내용을 게재하였지만 독자 여러분의 편의를 위하여 다시 게재하였습니다.

긴급대응이 필요하다고 판단될 경우에는 행정부서와 협의하여 기존의 정보를 신속히 수집한 후에 지역포괄지원센터 직원, 행정부서 직원 등 복수체제에 의한 방문조사를 실시합니다. 또한 긴급하지 않는 경우에는 일정한 기간 내에 기존 정보를 수집한 후 지역포괄지원센터 사회복지사가 중심이 되어 시 · 군 · 구에 보고 · 연락 · 상담을 하면서 통 · 반장 등과 함께 방문하는 경우가 많습니다.

어느 쪽이라도 사전준비를 세심하게 해야 하며 사전준비 내용에 대해서도 구체적으로 확인해 둘 필요가 있습니다.

사전준비는 될 수 있는 한 기존의 정보를 수집하고 통합하여 사전에 사정을 합니다. 이러한 작업을 통해 긴급성과 중증성을 판단하게 되고, 또 본인과 가족에 관한 이미지를 파악하고 방문 시에 관찰해야 할 영역을 줄일 수 있습니다. 또한 사전에 지역의 통 · 반장이나 상점가, 자치회 등 협력해 줄 사람들의 목록을 늘리는 것도 중요합니다. 지역사회자원을 구체적으로 파악하면 향후 지원에 대한 현실적인 계획을 세울 수 있습니다. 또한 그만큼 강력한 지지체계가 있는 지역이라면 자신이 해결해 나갈 수 있다는 생각이 들기 때문에 조금이나마 안심할 수 있습니다. 게다가 사전에 본인과 가족의 욕구에 맞는 서비스에 대한 간단한 소책자 등을 준비해 두면 본인과 가족에게 정확한 정보를 제공할 수 있고, 초기의 관계형성도 원활하게 만들어 갈 수 있습니다.

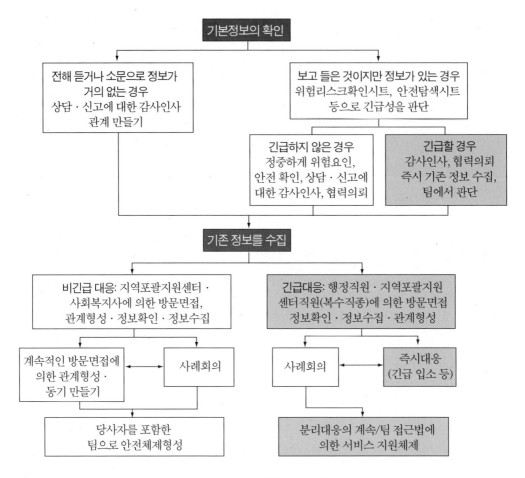

[그림 4-1] 노인학대 대응의 흐름

 방문조사의 사전준비

상담·신고를 접수한 후 방문조사를 위한 준비를 한다.

• 기존 정보의 수집·통합·긴급성·중요성의 판단은 확실하게 한다.

• 협력해 줄 만한 사람들의 목록을 만든다.

• 본인이나 가족이 관심을 가질 수 있는 서비스 자원에 관한 정보를 수집한다.

→ 위험·리스크·안전을 의식하면서 본인이나 가족이 저항감 없이 받아들일 수 있
도록 방문에 대한 방법을 강구한다.

2　기본적인 행동방식

(1) 우선 자신의 표정을 부드럽게 한다

신고를 받고 당신은 A씨의 집을 방문하게 되었습니다. 집에 도착하고 현관 앞에 섰습니다. 초인종을 누르기 전에 체크해 주십시오. 당신의 표정은 어떻습니까? 무서운 얼굴을 하고 있지는 않습니까?

학대가 의심되는 가정을 방문할 때는 아무래도 사회복지사의 어깨에 힘이 들어가고 무심결에 미간을 찌푸리며 방문하는 경향이 있습니다. 그러한 표정에서 생기는 긴장은 대상자나 가족에게도 그대로 전해져서 상대에게 공연한 불안과 방어기제를 안겨 줍니다. 방문 전에 만약 '미간에 주름'이 잡혀 있을 경우에는 다음 사항을 시도해 보세요.

상대의 집에 도착하기 전에 먼저 심호흡을 하세요. 그리고 당신에게 중요한 것, 어린이나 애완동물 등을 안고 있는 모습을 상상해 보세요. 지금의 당신은 정말 다정하고 상냥한 표정을 하고 있을 것입니다. 방문 시에는 먼저 이 표정을 짓고 초인종을 눌러 보세요. 아마 당신의 표정을 보고 대상자나 가족은 경계의 분위기를 줄이고 어깨 힘을 빼 줄 것입니다. 상대의 표정을 부드럽게 하기 위해서는 먼저 자신의 표정을 부드럽게 하는 것부터 시작해야 합니다.

이것은 어떠한 긴급을 필요로 하는 방문이었다고 하더라도 동일하며, 가령 출입조사나 보호분리를 할 때도 똑같습니다. 긴박한 상황에서 굳이 경찰관 같은 어두운 표정을 지을 필요는 없습니다. 재가복지를 실천하는 사회복지사는 출입 조사 이후뿐 아니라 분리보호 조치 이후에도 대상자나 가족과 계속해서 관계해 가야 한다는 것을 항상 의식하는 것이 중요합니다.

또 자신의 미간 주름이란 상대에 대해 선입견 혹은 방어적 자세를 나타냅니다. 대체로 이런 태도가 지속되는 경우 상대에게 편향된 이미지를 갖게 합니다. 그러므로 방문 전에 잘못된 이미지를 불식시키기 위해서는 가능한 한 균형 잡힌 정보

포인트 21 **부드러운 표정을 만들자**

자신의 선입견, 자세를 체크

• 사회복지사의 얼굴이 굳어 있지는 않은지?

• 편향된 이미지를 가지고 있지는 않은지?

사정시트의 확인

• 위험 · 리스크

• 안전탐색

• 균형 잡힌 시각

자신의 표정 체크

• 아주 중요한 사람과 같이 있는 표정으로

• 부드러운 표정

수집에 유의해야 합니다. 첫머리에서 확인한 것처럼 위험 · 리스크 · 안전에 관한 각각의 정보를 균형 있게 수집하는 것이 가정방문 시 가질 수 있는 선입견을 막는 수단이 될 것입니다.

(2) 동행방문의 활용

앞에서 이야기한 것같이, 첫 방문은 ① 노인지원과 등의 관할부서 직원(행정직원), ② 기타 전문직, ③ 사회복지사나 통 · 반장 등 대상자나 가족을 알고 있는 사람들과 동행하는 경우가 많습니다.

행정직원은 개입조사나 경찰 서장에 대한 원조요청, 학대자에 대한 노인과의 면회 제한, 어쩔 수 없는 경우에는 서비스 이용에 대한 조치 등 다양한 권한을 가지고 있습니다. 긴급 시 혹은 중증 상황일 때는 행정직원과 동행방문 또는 정신질환을 가진 가족이 있는 경우에는 지역포괄지원센터 혹은 지역의 정신보건 사회복지사와 동행이 필요할 경우도 있습니다. 게다가 방문대상자의 불안을 줄이기

포인트 22　동행방문의 종류와 의의

행정직원 등의 동행

- 권한과 전문성 활용
- 긴급 시·중증의 경우에는 행정에의 보고·상담 후 행정직원과 동행방문
- 정신질환을 갖고 있는 수발 가족에의 대응은 정신보건 사회복지사의 도움을 얻어 불안을 줄이도록 한다.

위해서는 대상자의 지인과 함께 방문하는 방법도 있습니다.

　밤낮으로 수발에 쫓겨 학대 행위와 아슬아슬한 상황에 놓여 있는 사람은 상당히 강한 불안과 부담을 느끼고 있는 경우가 많습니다. 거기에 전혀 모르는 행정직원이 방문하는 것은 상대를 이중으로 불안에 빠지게 하는 것입니다. 평소에 아는 사람이 있는 것만으로도 대상자나 가족은 '○○씨라면 괜찮다' '무슨 일이 있어도 ○○씨가 있으면 안심'이라고 생각하게 될 것입니다.

(3) 현관문이 열리지 않는 경우

　학대 신고를 받아 방문했을 때, 스스로 자원하여 지원을 요구하지 않은 가족이나 거부적인 가족과의 동거 사례에서는 대상자나 가족을 전혀 만날 수 없거나 아무런 이야기를 할 수 없는 상황에 놓일 수도 있습니다. 이러한 상황에 있어서 기존의 정보로부터 긴급한 상황이라고 예측될 경우 행정 관계자와 협의하여 출입조사 등의 검토가 필요합니다. 그러나 그 정도의 수준이 아니라면 서두르지 않고 몇 번이고 반복하여 방문하면서 상황을 지켜봅니다. 혹은 문을 사이에 두고 대화를 시도하거나, 인터폰을 통해 대화를 시도하는 것을 하나의 목표로 하는 등의 접근방법을 연구하는 것이 중요합니다.

　몇 번이나 연락해도 만날 수 없고 접촉을 할 수 없는 경우에는 일상의 방문경로에 그 집을 포함시키고 매일 혹은 이틀에 한 번 정도 그 집 앞을 지나가 보는 것

은 어떻습니까? 현장에 가면 관계의 힌트가 보입니다. 빨래가 말라 있는가, 창문이 열려 있는가, 신문은, 집 주변을 청소하는지, 어수선한지, 쓰레기는 버리는지 등의 정보에서 그 집의 생활을 파악할 수 있습니다. 이러한 실천을 되풀이하는 중에 우연히 창문으로 얼굴을 내민 수발자와 눈이 맞아서 인사를 나누는 계기가 생길 경우도 있습니다. 또 반복하는 동안에 간단한 편지를 준비하여 우체통에 넣어두는 방식도 좋습니다.

지원을 거부하는 대상자나 가족의 경우, 사회복지사의 역할을 정확히 이해하지 못하는 경우가 많습니다. 그렇기 때문에 사회복지사는 어르신과 그 가족을 지원하는 센터에서 온 것과 대상자와 가족에게 도움을 주고 싶은 것, 언제든지 연락을 하라는 것, 가끔 방문할 것 등을 기록하고 자신의 존재와 역할을 알리는 노력이 중요합니다. 또한 인터폰으로 대화가 가능하게 되었을 경우, 예를 들면 "우리동네 소식을 가지고 왔습니다만……." "우리 동네 어르신 댁을 방문하고 있습니다."라는 가벼운 대화로 상대에게 불쾌함을 주지 않는 정도로 이야기를 연결해

 포인트 23 **현관문이 열리지 않을 경우**

몇 번이나 연락해도 만날 수 없다

• 매일 혹은 이틀에 한 번 정도 집 앞을 지나간다.
   → 일상의 방문 경로에 대상자의 집을 넣는다. 빨래는? 집 주변은? 어수선한가? 정돈되어 있는가? 현장에서 알 수 있는 것은?…….
• 써놓은 편지
   → 지역포괄지원센터를 알기 쉽게 소개, 상대에 대한 걱정의 메시지, 연락처

인터폰으로 대화

• 목표는 현관문을 여는 것
• "우리 동네 소식을 가지고 왔습니다만……." "우리 동네 어르신 댁을 한 집 한 집 돌고 있습니다."
• "다시 방문해도 괜찮으시겠습니까?"라고 말할 수 있는 관계형성을 목표로 한다.

가는 기술도 중요합니다. 목표는 먼저 '현관문을 여는' 것입니다. 그것을 위해서는 초조해하지 말고 "다시 방문해도 될까요?"라고 말할 수 있는 '관계형성'을 목표로 하는 것이 좋습니다.

(4) 현관문이 열렸을 때 – 가벼운 대화의 활용 –

현관의 문이 열리고 드디어 면접이 시작됩니다. 앞에 게재한 [그림 4-1]과 같이 사회복지사와 동행방문 할 때는 대상자나 가족에 대해 사회복지사로부터 소개를 받고, 지역포괄지원센터 직원이 단독으로 방문할 때는 자기소개와 방문의 이유에 대해 자세히 소개합니다.

그런데 안심만들기·안전탐색·어프로치(AAA)에서 우리들이 중요시하는 기술 중 하나가 '가벼운 대화'입니다. 가벼운 대화는 긴급할 때나, 심각할 때 어떤 경우에도 사용할 수 있는 것으로, 숙련된 현장의 많은 사회복지사가 이미 활용하고 있는 기법입니다.

 포인트 24 **현관문이 열렸을 때의 대응**

사회복지사와의 동행방문

• 사회복지사가 '내가 신뢰할 수 있는 상담기관의 ○○○입니다. ○○○씨는 좋은 지원을 위해서 함께 애써 주실 것입니다.'라고 소개한다.
• 자기소개
• 기법으로서의 가벼운 대화

지역포괄지원센터 단독방문

• 자기소개
  "우리 동네 어르신 댁을 한 집 한 집 방문하고 있습니다."
  "우리 동네 소식의 최신호가 나와서 소개해 드리겠습니다."
  "무료배식 서비스에 대한 소식이 있습니다."
• 기법으로서의 가벼운 대화

관계형성 기법으로의 가벼운 대화

목적을 가진 가벼운 대화

- 이야기하기가 더 쉬워진다.
- 긴장감 · 경계심이 완화된다.
- 본인이나 가족의 생활 모습을 폭넓게 파악할 수 있다.
- 본인이나 가족의 가치관, 노력이나 생각 등을 알 수 있다.

가벼운 대화의 기법

- 본인이나 가족이 좋아하는 일, 즐거워하는 것 등의 이야기부터 시작한다.
- 느긋한 말투로 시작한다.
- 때때로 시선을 주고받는다.
- 질문 투로 하지 않는다.
- 격려나 공감의 말을 적절히 한다.

우리들은 평소 아무렇지도 않게 가벼운 대화를 주고받습니다. 방문할 때 가벼운 대화를 의식적으로 활용해 봅시다. 예를 들면, 현관 옆에 수국이 피어 있으면 "멋진 수국이네요."라는 말로 잠시 정원에 대해 이야기해 봅시다. 강아지를 기르고 있는 분이면 "강아지를 좋아하시나 봐요? 저도 강아지를 기르고 있어요."라고 애완동물을 화제로 해도 좋습니다. 이러한 가벼운 대화는 이야기를 하기 쉽게 할 뿐 아니라 상대의 긴장감과 경계하는 마음을 완화시킵니다. 또 대상자나 가족의 가치관, 소중히 여기는 것, 생각하는 것을 알아내는 계기가 됩니다. 더욱이 가벼운 대화 속에서 자신이 '피해를 주는 게 아니다.'라는 것을 간접적으로 상대에게 전달할 수 있습니다. 본 문제에 들어가기 전에 이러한 융통성 있는 시간을 가지는 것은 정말 중요합니다.

(5) 칭찬

방문조사를 시작하면 아마도 당신의 머리 속은 알고 싶은 것이 산더미처럼 쌓

방문조사의 진행방법

- 한 번의 방문으로 모든 목적을 달성하려 하지 않는다.
- "다시 방문해도 될까요?"라고 말할 정도의 관계를 만들고 조금씩 이야기해 가는 것이 중요하다.
- 반복하고, 인내심을 가지고 방문하여 경계심을 낮추고 조금이라도 신뢰받을 수 있도록 한다.
- 일방적으로 질문하는 것이 아니라 따뜻한 공감과 격려, 존경의 말을 적절히 전한다. 칭찬이라는 개입기법

여 있겠지만, 한 번의 방문으로 모든 목적을 달성하려고 상대에게 질문 공세를 펴지 않도록 합시다.

방문조사의 포인트는 "다시 방문해도 될까요?"라고 말할 수 있는 관계 형성을 조금씩 하는 것입니다. 어디까지나 따뜻한 공감과 격려를 하고 존경의 말을 적당히 전하면서 이야기를 진전시키는 것이 중요합니다. 이러한 기법을 칭찬이라고 합니다. 이와 같은 대화를 반복하고, 재차 방문하여 상대의 경계심을 서서히 푸는 과정을 통해 신뢰 관계를 조금씩 쌓아갈 수 있습니다.

칭찬이란 상담ㆍ신고자나 방문조사의 대상자 등 모든 사람에 대하여 공통으로 해야 할 개입 방법입니다. 구체적으로 칭찬하는, 칭송하는, 격려하는, 존경하는 마음을 표현하는 등을 들 수 있습니다. '빈말'이나 '아첨'과는 다르며, 막연하게 사용하는 것이 아니라, 구체적인 행위에 대해 칭찬하는 것입니다. 예를 들면, 남편을 방임하고 있다고 생각되는 여성이 '남편의 신상에 관한 것은 거의 방임하지만, 바쁜 아침 시간에 남편이 좋아하는 주먹밥을 매일 만들고 있다.'라는 상황을 전제할 경우, 본인이 가능한 부분, 힘이 들지만 이것만은 제대로 하고 있다는 행동을 발견하고 "아침에 바쁘신 와중에 잘하고 계시네요, 훌륭하세요."라고 말하는 것을 들 수 있습니다.

또한 '전혀 수발을 하지 않고, 부모님의 연금을 착취하고 있다.'는 외동아들이 있다고 합시다. 아들의 어머니에 대한 행위나 태도는 어떻게 생각해도 99% 구제

칭찬이라는 개입기법

모든 사람에게 공통으로 해야 할 개입

• 상담 · 신고 시에

• 방문조사의 대상자에게

칭찬이란

• 칭찬하다, 칭송하다.

• 위로, 격려하다.

• 존경의 마음을 표현하다.

• 사실에 근거한 말이며 아부나 아첨이 아니다.

왜 칭찬인가

• 상대에 대해 존중이나 경의를 표현하기 위해서

• 상대가 가지고 있는 강점이나 힘을 깨닫게 하기 위해서

균형을 잡기 위해서 필요하다

• 문제의 지적뿐 아니라 본인이나 가족의 좋은 점이나 힘, 지지 망에 대한 지적도 한다.

할 방법이 없는 상태입니다. 그러나 매일 아침, 어머니를 위해서 물과 우유를 빠짐없이 준비하고 있는 상황이라고 하면 그 부분을 격려할 수 있습니다. 그때부터 대화가 가능하게 되어, 사실은 실업으로 괴롭다, 아들 나름대로 어머니에 대한 염려는 있지만 구체적 행동으로 표현하지 못하는 등의 사정을 알 수 있습니다. 이렇게 상대에 대해 균형 있는 이해의 첫 단계가 시작됩니다.

학대 의혹이 있는 가족 혹은 학대 받고 있는 대상자는 제삼자의 방문에 대해 불안을 느끼거나 자존심이 상하는 경우가 많습니다. 이때 자기 자신의 무의식적인 노력이나 습관이 제삼자에 의해 평가되어 존중받으면 자신을 인정하는 기분을 만회할 수 있습니다. 또한 이러한 대화는 마음의 건강을 되찾기 위한 계기가 될 수도 있을 것입니다.

(6) "힘드시겠네요."를 연발하지 않는다.

또한 보호자(수발자)와의 대화에 있어서 "힘드시겠네요."를 연발하지 않는 것
도 중요합니다.

언젠가 상대방의 이야기를 들으면서 아무렇지도 않게 "힘드셨겠네요, 그렇군
요, 힘드셨겠네요."라고 반복하고 있는 자신을 깨달았습니다. 언젠가 누군가로부
터 "'힘드셨겠네요.'라는 말만 들으면 정말로 나는 힘들고, 힘든 일에 얽매여 있
는 것 같다… 침울해졌다."라고 하는 말을 듣게 되었습니다. 자신의 말이 듣는 사
람에게 쌓여 간다는 것을 알게 되고 크게 반성하는 한 장면이었습니다. 그러므로
상대가 계속 들어도 좋은 말, 힘이 들지 않은 말을 해 주어야 한다고 생각한 저는,
그 후 "힘드셨겠어요." "잘해 오셨네요." "정말로 노력해 오셨네요."라고 안심과
강함을 얻을 수 있는 긍정적인 말을 의식적으로 사용하게 되었습니다. 그러자
"뭔가 힘들었지만 잘해 왔다는 기분이 든다."라는 말을 많이 듣게 되었습니다. 상
대의 마음이 가벼워지는 말로 대화를 하는 것은 매우 중요합니다.

포인트 28   **"힘드셨겠네요."는 연발하지 않는다**

사회복지사	"힘드셨겠네요." "힘드셨겠네요." "힘드셨겠네요."

↓

보호자(수발자)	나는 정말로 힘들구나. 힘든 일에 얽매여 있구나.

이러한 말은 듣는 사람의 마음속에 남게 된다.
남게 되더라도 부담이 되지 않는 말을 건네도록 한다.

사회복지사	"힘드셨겠네요." "정말 잘해 오셨습니다." "정말 노력하셨네요."

↓

보호자(수발자)	힘들었지만 잘해 왔겠지?……

3 타임시트를 사용한 면접

(1) 타임시트의 사용법

가정방문 시 현관 앞 또는 실내에 들어가서 대상자나 가족과 대면했을 때 가벼운 대화 등을 하면서 어느 정도 대화가 가능해졌을 때 타임시트 면접을 시도해 봅시다.

타임시트란 노인이 기상할 때부터 시작되는 하루의 생활, 마찬가지로 가족이 기상에서부터 시작되는 하루의 생활과 수발의 내용에 대해 시간의 흐름에 따라 자세히 묻는 시트입니다. 이 시트는 생활시간양식연구회가 작성한 양식 A를 참고하여 약간의 수정을 가한 뒤, 연구회의 허가를 받아 AAA에 사용하고 있습니다 ([그림 4-2]).

시트의 구성은 세로에는 24시간의 틀이 있고 가로에는 대상자의 생활, 가족의 수발상황, 서비스 · 사회자원의 3개 항목이 나열되어 있습니다. 시트의 사용방법으로 우선 대상자의 생활, 가족의 수발상황, 서비스 · 사회자원 각 3항목에 대해 24시간의 상황을 파악합니다. 이 작업에 의해 대상자나 가족의 생활이 '가시화' 됩니다. 다음에 3항목이 서로 중복되는 곳에 주목하여 각각의 관계성에 대한 특

 포인트 29 타임시트의 사용법

노인이 기상할 때부터 시작되는 하루의 생활과, 가족이 하고 있는 수발의 내용을 시간에 따라 정중히 묻고 들은 내용을 시트에 기입합니다.

- 수발의 어려움이 드러나도록 자세히 기입한다. 가족이 보살피는 시간대를 색연필로 그려도 좋다.
- 시각적으로 수발의 어려움이 보이게 되므로 '어려운 일' '곤란한 일'을 말하기 쉽고 물어보기 쉬워진다.
- 제대로 보살피지 못하는 점을 파헤치려는 것은 아니다.

징을 파악합니다. 예를 들면 대상자와 가족의 생활이 전혀 겹치지 않는 경우에 방임상태가 생긴 것으로 예측할 수 있습니다. 그러므로 그 상황에 대해 좀 더 상세히 묻고 그 상황에 대한 가족의 인식과 대처방법 등을 파악하면서 위험상태나 리스크, 안전의 신호를 알아가게 됩니다.

(2) 타임시트의 구체적인 예

① 위험 · 리스크 · 안전 확인의 모의사례(A씨의 경우)

A씨는 아들과 둘이서 생활하는 치매노인이며 최근 동거하는 아들의 고함 소리가 자주 들린다고 이웃주민이 신고한 사례입니다. 상당한 수발부담을 예상할 수 있었음에도 불구하고 직원이 방문하면 아들은 주간보호를 끊겠다고 말합니다. 또 어디선가 알 수 없는 변 냄새도 납니다. '적절한 수발이 이루어지지 않는 것은 아닌지?' '스트레스가 증가하여 대상자의 위험이 늘어나는 것은 아닌지?' 걱정하게 된 지역포괄지원센터 직원이 타임시트 면접을 시작하였습니다. 먼저 대상자는 5시에 눈을 뜨고, 6시에 기상 후 배설, 7시에 아침식사, 8시에 배설, 옷을 갈아입고 또 배설, 9시에 배설, 또 옷을 갈아입고 10시에 주간보호센터에 간다고 되어 있습니다. 이때 가족의 생활은 6시의 배설수발로 하루가 시작되며, 아침식사 준비. 그리고 7시에 쓰레기를 버리고 세탁, 식사수발, 8시에 배설수발, 옷을 갈아입고 9시에 또 배설수발, 옷을 갈아입고 10시에 주간보호센터에 보내드린다고 되어있습니다(그림 4-3). 어떻습니까? 아침 5시간만 보아도 이상하다고 느껴지지 않으세요? 왜 1시간마다 옷을 갈아입고 배설수발을 해야만 하는지, 그러나 의외의 사실을 알게 되었습니다.

먼저 대상자가 주간보호가 있는 날은 아침부터 안절부절못합니다. 빨리 외출복을 입지 않으면 안정이 되지 않습니다. 그래서 아들은 어쩔 수 없이 아버지의 취향인 스웨터와 바지를 입힙니다. 그런데 옷을 갈아입고 난 후 조금 지나면 꼭 설사와 같은 변 실금을 해 버립니다. 그리고 다시 샤워를 하고 옷을 갈아입습니다. 그러자 또 이상한 냄새가 납니다. "왜 이날만 되면!" 하고 아들은 고함을 칩

타임시트

대상자 이름 (   )   담당자 (   )   기입일 (   )
대상자와 가족의 생활 상황에 대해 알아봅시다.

	표준적인 1일 / 부담을 느끼기 쉬운 1일			
	대상자의 생활	가족의 돌봄 상황	서비스, 사회자원	표준수발 항목
5:00				수발 항목의 예
				배설수발
6:00				체위교환
				기상동작수발
7:00				이동수발
				보행수발
8:00				식사섭취수발
				수분섭취수발
9:00				옷 갈아입기 수발
				목욕수발
10:00				몸을 닦기
				옷 갈아입기
11:00				세수
				머리 빗기
12:00				옷매무새
				산책수발
1:00				외출수발
2:00				
3:00				가사항목 예
				수발물품 준비
4:00				
				장보기
5:00				청소
				정리정돈

6:00				세탁 빨래걷기
7:00				세탁물정리 식사준비
8:00				반찬담기 상 차리기
9:00				정리
10:00				
11:00				
12:00				
1:00				
2:00				
3:00				
4:00				

ⓒ 생활시간양식연구회(대표: 코바야시)

[그림 4-2] 타임시트

A씨	대상자의 생활	가족의 생활
5:00	눈을 뜸	
6:00	기상, 배설	배설수발, 조식준비
7:00	조식	쓰레기 버리기, 세탁, 조식수발
8:00	배설, 옷 갈아입기, 배설, 옷 갈아입기	배설수발, 옷 갈아입기, 배설수발
9:00	배설, 옷 갈아입기	배설수발, 옷 갈아입기
10:00	주간보호	배웅

> 주간보호센터 이용하는 날은 6시부터 준비, 돌아와도 불안정, 결국 시간이 더 길어짐. 지쳐 버림

생활의 모습/원조욕구의 시각화에 의한 자각의 촉진

[그림 4-3] A씨의 타임시트 작성 예

니다. 그리고 이번에는 변으로 범벅이 된 스웨터와 바지를 세탁합니다. 피곤할 때는 변이 묻은 채로 내버려 둘 때도 있습니다. 또 옷을 갈아입고 정신이 들면 10시, 다행히 주간보호센터에는 늦지 않습니다. 그런데 이번에는 3시, 주간보호센터에서 돌아오면 몹시 흥분상태에 있기 때문에 잠시라도 옆에 있지 않으면 불안한 듯 밖으로 나가려고 합니다. 그래서 같이 산책을 하면서 시간을 보내며 안정되는 것이 5시가 조금 지나서입니다.

"주간보호센터에서 5시간 맡아 주지만, 아침 4시간과 돌아와서의 2시간은 아수라장, 기진맥진입니다. 주간보호센터가 수발의 부담을 경감해 준다고는 말할 수 없어요."라며 어찌할 바 모르는 가족의 말도 맞습니다.

큰 소리로 아버지를 꾸짖는 아들은 사실 아버지의 의향에 맞추어 될 수 있는 한 기분 좋게 주간보호센터에 보내드리고자 열심히 노력하는 가족입니다. 또 사회복지사는 서비스를 이용하는 것이 이 가정에 반드시 유효하다고 생각하기 쉽지만, 그 생각은 환상일 뿐이지 사실은 서비스를 이용함으로써 도리어 가족이 큰 고생을 하고 있는 것으로 밝혀졌습니다.

② 관계형성과 욕구사정의 모의사례(B씨의 경우)

그럼 하나 더 사례를 살펴봅시다. 이 사례도 대상자와 가족 두 사람만 생활합니다. 역시 대상자에게 치매가 있고 가족은 일을 그만두고 수발을 하고 있습니다. 가족의 고함과 물건이 깨지는 소리가 난다며 이웃주민이 신고했습니다. 서둘러 방문을 하였지만 가족은 좀처럼 이야기를 해 주지 않습니다. 그래서 타임시트를 사용해 "아침 몇 시에 일어나십니까?"라고 답하기 쉬운 것부터 질문하며 면접을 시작하자 조금씩 생활에 대해서 말해 줍니다. 그러자 곧바로 가족의 부담이 분명하게 밝혀졌습니다. [그림 4-4]와 같이 가족은 2시간 간격으로 배설수발을 하고 있습니다. 이것이 24시간 계속됩니다. 즉, 하루 12회의 배설수발과 많은 빨래, 낮에는 어떻게든 참는다 해도 한밤중에 2시간 간격으로 일어나는 것이 얼마나 힘든 일일까요.

"어떻게 그렇게 헌신적으로 수발을 할 수 있습니까? 잘 일어나시네요."라고 묻자 "자기 전에 반드시 물을 한 잔 가득 마십니다. 그러면 2시간 정도 지나 자연스럽게 화장실에 가고 싶어집니다. 그렇게라도 하지 않으면 일어나는 것이 무리입니다. 겨울에는 특히."라고 하였습니다. 이야기를 듣는 동안 "아, 정말로 힘드셨겠어요. 정말 잘하고 계시네요……." 라는 말이 한숨과 함께 자연스럽게 사회복지사의 입에서 나옵니다. 이때 사회복지사의 칭찬의 말이 가족에게 '알아준다.'는 감정을 주고, 그 후 아들이 조금씩 본심을 들어내어 양자의 거리감이 좁혀졌다고 말합니다.

  사회복지사는 흔히 가족수발, 부담경감이라는 말을 합니다. 하지만 이 말은 수발자의 수발부담을 얼마만큼 정확히 파악하고 사용하고 있습니까? 왠지 힘들 것 같다는 것은 수발의 부담을 파악했다고 말할 수 없습니다. 수발부담이란 수발자 한 사람 한 사람의 생활시간에 새겨진 수발의 내용을 파악해야 처음으로 이해할 수 있는 것입니다.

B씨	대상자의 생활	가족의 생활
5:00	눈을 뜸	
6:00	배설	배설수발
7:00	텔레비전 시청	세탁
8:00	기상, 배설	쓰레기 버림, 배설수발
9:00	텔레비전 시청	조식준비
10:00	조식/배설	배설수발
11:00		

내 인생 엉망 진창이었네.…

생활모습/원조욕구의 시각화에 의한 자각의 촉진

[그림 4-4] B씨의 타임시트 작성 예

③ 이세씨의 사례

  그럼 좀 더 자세하게 타임시트의 사용법을 살펴보도록 하겠습니다. 제3장의 역할놀이 모델 시나리오에 등장한 이세씨의 사례를 활용해 봅시다.

먼저 이세씨 집에 첫 번째 방문을 합니다. 처음에는 가벼운 대화를 하면서 이세씨와 이세씨 아들의 하루 생활을 파악합니다. 각각의 내용에 대해 구체적으로 물어봅니다. "아침에 몇 시에 일어나십니까?" "그리고? 그래서?" 하나의 질문에 대해 하나의 대답만을 얻는 것이 아니라 "그리고? 그래서?"라는 말을 사용하면서 일이 일어났을 때의 주변 사건도 파악합시다. 다음으로 대상자에 대한 수발의 '어려움'을 느꼈으면 그것에 대해 위로하고 피드백을 합니다(칭찬).

또한 과제, 위험, 리스크가 나왔을 때는 그대로 넘기지 않고 그 과제나 위험, 리스크의 주변에는 반드시 강점이나 힘이 숨겨져 있다는 것을 믿고 보다 구체적인 내용을 묻는 등 이야기를 파고 들어가도록 합니다. 그 속에서 상대가 여러 묘안을 짜내려고 했던 것, 잘 되었던 점 등 상대의 '강점'을 발견하는 경우 즉각적으로 그 사실을 격려합니다.

안타깝게도 타임시트 면접 속에서 위험, 리스크만 밝혀지고 안심의 사인인 '강점'을 전혀 찾아낼 수 없었던 경우는 그 위험, 리스크는 상당히 위험한 상황이라고 할 수 있습니다. 그 무게를 확실히 인식하고 그 후의 긴급대응 등을 활용해야 합니다.

그럼 구체적인 이세씨의 타임시트([그림 4-5], [그림 4-6])를 보면서 타임시트 면접의 실제를 확인해 봅시다.

 타임시트 면접(이세씨의 사례)

- 이세씨(80세, 여성), 치매, 요양등급(3등급), 수발자(아들, 58세)
- 아들은 어머니의 수발을 위해 7년 전 직장을 그만둠, 어머니의 연금으로 생활함
- 신고자: 이웃의 나카노씨
- 신고내용: 치매 어머니를 열심히 수발하는 아들이 재활이라는 명목으로 무리한 작업을 시키고 있다. 어느 날 밖에서 어머니가 변 실금을 했다는 이유로 큰 소리를 지르고, 손을 들고 있는 아들을 목격했다. 어머니를 학대하고 있는 것은 아닌지 우려된다.

타임시트

대상자 이름 (이세하나코)   담당자 (T   )   기입일 (2010/2/11)

대상자와 가족의 생활 상황에 대해 알아봅시다.

평범한 하루 / 부담을 느끼는 하루			
대상자의 생활	가족의 돌봄 상황	서비스, 사회자원	표준수발 항목
5:00 기상, 배뇨	배설수발, 뒤처리		수발 항목의 예 배설수발
6:00			체위 교환 기상동작수발
7:00 배뇨 기상, 세수, 머리 빗기, 옷 갈아입기	배설수발, 뒤처리 기상수발, 세수, 머리 빗기, 옷 갈아입기 수발, 쓰레기 정리 및 배출		이동수발 보행수발
8:00 아침식사 양치질	아침식사준비, 식사수발 양치질 수발, 식사 뒷정리		식사섭취 수발 수분섭취 수발
9:00 배뇨	배설수발, 뒤처리 세탁		옷 갈아입기 수발 목욕수발
10:00 TV 시청	청소		몸 닦기 갈아입기
11:00 배뇨, 배변	배설수발, 뒷처리 점심식사준비		빗기
12:00 점심식사 양치질	점심식사수발, 식사 뒷정리 양치질 및 옷 갈아입기 수발		매무새 산책수발
1:00 배뇨	장보러 외출	방문요양 배설수발, 산책 수발, 수분섭취	외출수발
2:00 재활 목적의 산책, 퍼즐 그림놀이	장보기 귀가		
3:00 배뇨	배설수발, 뒤처리		가사항목의 예 수발물품 준비
4:00 퍼즐, 그림놀이(치매예방)	그림놀이 수발 저녁식사준비		장보기

체크포인트: 왜 이 시간에만 서비스가 들어가 있는가? 원래라면 이른 아침이나 야간의 바쁜 시간에 서비스를 이용하는 편이 효과적이지 않은가? 그 차이의 의미는? 이용자에게 좋은 수발이 아닌 요양보호사 주도의 서비스 이용이지 않은가?

5:00	배뇨	배설수발, 뒤처리		청소
		저녁식사준비		정리 정돈
6:00	저녁식사 양치질	저녁식사수발 양치질 수발		세탁 빨래 걷기
7:00	배뇨	배설수발, 뒤처리		세탁물 정리
		목욕 준비		식사준비
8:00	목욕	목욕수발, 목욕 후 착의수발		반찬담기
		저녁식사정리, 다음날 아 침식사준비		상 차리기
9:00	배뇨, 세수	배설수발, 뒤처리		정리
10:00	TV시청	TV, 빨래 개기		
11:00	배뇨, 취침	배설수발, 취침수발		
12:00				
1:00	배뇨	배설수발, 뒤처리, 취침		
2:00				
3:00				
4:00				

ⓒ 생활시간양식연구회(대표: 코바야시)

[그림 4-5] 이세씨의 타임시트(기입 예)

	타임시트(질문 예)
5:00	어르신의 하루의 흐름과 가족들의 수발 상황을 알려 주세요. 어르신의 기상 시간은 몇 시인가요? 그리고?
6:00	배설은 어떤 순서로 하시나요? 화장실까지 유도해서? 힘드시겠어요. 꼼꼼하게 하고 계시네요! 그리고?
7:00	7시에도 배뇨? 2시간마다 하시나요? 하루 종일? 화장실까지? 힘드시겠어요, 잘하고 계시네요. 그리고?

8:00	7시 기상에 기상수발, 세수, 머리 빗고 옷 갈아입는 걸 돕고, 쓰레기 정리해서 버리고, 이걸 1시간 내에 다 하시나요? 대단하세요. 8시부터 식사준비하시고? 식사수발. 항상 어떤 음식을 드시나요? 밥이랑 된장국이랑 생선에 나물…… 반찬은 잘게 잘라서 내시나요? 멋지네요. 어머님이 좋아하시는 것만 만드시는군요. 훌륭하세요.
2:00	퍼즐이요? 그건 왜 하시나요? 치매 예방? 좋은 생각이네요. 그렇군요, 여러 가지로 연구하고 계시네요. 대단하세요. 어머님은 어떠세요? 금방 질려하시나요? 그럼 짜증내거나 화내거나 때리려고 손을 올리신다고요? 그렇군요……. 어머님이 더 나빠지기를 원하지 않으니까? 치매를 고치고 싶다, 그렇게 생각하시는군요. 치매에 대해서는 전문의에게 진료를 받고 있나요? 의사 선생님은 뭐라고 하시나요? 도움이 안 된다고요? 그건 왜일까요? 낫지 않는 병이라고 하셨다고요? 그렇군요. 그래서 정신과 진료를 안 가시고 내과에만 가시는군요. 그랬군요.
7:00	저녁식사는 어떻게 하시나요? 목욕은 매일 하시나요? 잘하고 계시네요. 조금이라도 자극을 주고 싶은 거군요. 어머님을 정말 많이 생각하고 계시네요.
8:00	목욕 방법은? 전부 도와드리나요? 힘드시겠어요. 그 후에는? 다음날 아침식사준비도?
9:00	밤에는 피곤이 많이 쌓이죠. 배설수발도 힘들지 않으세요?
10:00	TV는 어떤 걸 보시나요? 그렇군요. 세탁물을 개면서 보시는군요. 느긋하게 쉬지 못하시는 것 같네요.
1:00	1시까지 깨어 계시나요? 한 번 잠들면 못 일어나니까……. 그렇군요. 그래서 1시 배설수발까지 깨어 계시는 거군요. 그렇군요, 잘하고 계시네요……. 하루의 피로가 쌓여 있는 시간대네요… 어머님은 금방 주무시나요? 밤중에 밥 안 먹었다고 몇 번이나 말씀하신다고요? 그렇군요, 큰 소리를 내시는군요. 그런 상황은 매일 밤 일어나나요? 괜찮을 때도 있고요? 그렇군요. 괜찮을 때는 어떨 때인가요?

[그림 4-6] 이세씨의 타임시트(질문 예)

(3) 타임시트 활용방법

타임시트에 의한 면접을 종료한 후에 더 자세한 정보를 얻기 위해서는 서비스를 이용하고 있는 다른 요일을 대상으로 타임시트 면접을 실시해 보거나 서비스를 전혀 이용하지 않는 날, 또는 한 주간 전부 면접해 보는 등 다양하게 사용할 수 있습니다([그림 4-7]).

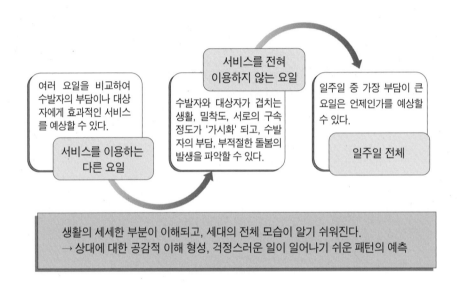

여러 요일을 비교하여 수발자의 부담이나 대상자에게 효과적인 서비스를 예상할 수 있다.

서비스를 이용하는 다른 요일

서비스를 전혀 이용하지 않는 요일

수발자와 대상자가 겹치는 생활, 밀착도, 서로의 구속 정도가 '가시화' 되고, 수발자의 부담, 부적절한 돌봄의 발생을 파악할 수 있다.

일주일 중 가장 부담이 큰 요일은 언제인가를 예상할 수 있다.

일주일 전체

생활의 세세한 부분이 이해되고, 세대의 전체 모습이 알기 쉬워진다.
→ 상대에 대한 공감적 이해 형성, 걱정스러운 일이 일어나기 쉬운 패턴의 예측

[그림 4-7] 타임시트 활용방법

이런 식으로 타임시트 면접을 실시하면 생활의 세부사정을 이해할 수 있으며 동시에 생활의 전체상을 쉽게 파악할 수 있습니다. 그리고 그 과정 속에서 상대와 공감적 이해가 생겨나고 상대방과의 관계형성도 원만해짐에 따라 대상자의 생활 속에서 문제가 생기기 쉬운 패턴도 엿볼 수 있게 되는 것을 알 수 있습니다.

이러한 문제가 생기기 쉬운 패턴을 알면 이 악순환의 고리를 어디에서 멈추면 좋아질 것이라는 점을 예측할 수 있고, 향후의 지원방침에 대한 계획을 어떻게 세우면 좋을지에 대한 논의의 전개가 쉬워집니다.

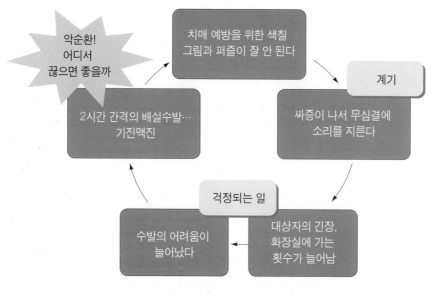

[그림 4-8] 걱정되는 일이 일어나기 쉬운 패턴

(4) 타임시트 활용의 효과

이상과 같이 타임시트 면접을 시행하면 대상자와 가족의 하루 생활 모습이 그대로 드러납니다. 그리고 그 모습은 사회복지사와 가족이 동시에 파악할 수 있습니다. '대상자와 가족의 하루'의 '가시화'는 사회복지사와 가족이 그 상황에 대해 객관적으로 이야기를 할 수 있게 하고 가족과 사회복지사 모두에게 커다란 깨달음을 가져다줍니다. 이하 타임시트의 활용이 가져다주는 효과에 대해 구체적으로 살펴봅시다.

① 생활의 '가시화'

타임시트 면접을 통해 대상자와 가족의 하루 생활이 가시화되므로 균형 잡힌 정보수집이 가능해집니다. 어떠한 위험, 리스크와 가족이 노력하는 점·강점 등의 안전에 대한 사인이 균형 있게 파악되어 가족의 전체상을 이해하기 쉬워

포인트 30   수발자의 깨달음

수발자 자신이 놓여 있는 상태를 객관적으로 이해할 수 있다.

(예) 나는 하루 종일 수발만 하고 있어…….

　　누구에게도 의지하지 않고 혼자 떠안고 왔는지도…….

• 수발자 자신이 매일의 삶 속에서 자신이 해오고 있었던 노력들을 깨닫게 된다.

• 해결하고 싶은 삶의 이미지를 스스로 자각할 수 있다.

집니다.

또, 타임시트 면접은 생활과제에 대한 인식도 강화시킵니다. 사람들의 생활은 다양한 행위가 거듭되고 쌓여서 성립되는 것입니다. 이것을 전제로 한다면 돌봄의 수고와 부담은 수발의 필요성 정도에 따른 요양등급판정 조사와 같은 수급항목의 핀 포인트(pinpoint) 질문으로는 실태를 파악하기가 어렵다는 것을 알 수 있습니다. "배설수발은 어떻습니까? 식사수발은 어떻습니까?"라는 질문에서 개별 수발 항목은 특히 부담을 못 느끼는 사람의 경우 "할 수 있습니다." "괜찮습니다." 라고 대답하는 경향이 있습니다. 그러나 같은 배설수발이라도 수발자의 컨디션이 좋은 아침에 하는 배설수발과 하루의 끝에 피로가 쌓인 가운데 하는 배설수발은 몸에서 느끼는 부담이 다릅니다. 낮에 혹은 수면 중에 어쩔 수 없이 일어나 하는 배설수발 역시 느끼는 부담은 전혀 다릅니다. 게다가 수발 항목의 구성에 따라서도 부담은 다릅니다. 아침 한 시간 안에 필요한 모닝케어를 다 해야만 하는 경우와 오전 중 몇 시간에 걸쳐 천천히 수발해도 좋은 경우의 부담 정도는 매우 다릅니다. 이와 같이 타임시트 면접에서는 수발자 한 사람 한 사람의 생활 속에서 생겨나는 돌봄에 대한 수고와 노력을 자세하게 파악할 수 있습니다. 그 결과 어떠한 지지가 필요한지 적절한 예측이 가능해집니다.

② 수발자의 깨달음

대부분의 가족 수발자는 일상의 수발에 쫓겨, 자신이 놓여 있는 상태를 객관적으로 이해하려는 노력을 하지 못합니다. 그러나 타임시트 면접을 한 많은 수발자는 실제로 자신이 하고 있는 수발의 전부를 구체적으로 타임시트에서 파악함으로써 '나는 하루 종일 수발만 하고 있었다.' '누구에게도 부탁하지 않고 혼자하려고 했을지도……' 라고 그동안 자신의 행위를 객관적으로 볼 수 있게 됩니다. 또 '이렇게 노력했구나.' 라고 매일의 삶 속에서 애써온 자신의 노력 등을 알아차릴 수 있게 됩니다. 안 되는 자신뿐만 아니라 노력하고 있는 자신, 부적절한 행위를 하지 않고 있는 자신을 재발견하여 앞으로 어떻게 하고 싶다는 이미지를 그리게 되고 자신도 달성 가능한 목표를 깨닫게 됩니다.

한편 전혀 수발에 참여하지 않고 있는 가족의 경우는 어떻습니까? 자기 스스로 수발을 하지 않고 있다고 말하는 분의 경우에는 이 타임시트가 '정말로 아무 것도 하고 있지 않다.' 라는 사실이 나타날 뿐 별로 도움이 되지 않는 경우도 있습니다. 그러나 예를 들면 완전히 수발을 안 하는데도 불구하고 수발을 하고 있다고 허위로 표시하고 실제로는 방치하고, 동시에 연금을 착취하는 가족의 경우는 어떻습니까? 타임시트에는 수발자에 대한 하루의 생활에 관한 자세한 정보가 들어갑니다. 수발자와 대상자가 관계가 깊으면 깊을수록 수발자는 질문에 쉽게 대답할 수 있지만, 수발을 전혀 하지 않는 사람은 질문에 대답하기가 매우 어렵고, 가령 처음에는 꾸며서 이야기를 하지만 점차로 침묵하게 되고 사실만이 부각되는 측면도 있습니다.

물론 타임시트 면접의 목적은 상대가 적절한 수발을 하지 않는 사실을 파헤치려 하는 것이 아닙니다. 오히려 하지 않는, 할 수 없는 사실을 가족과 사회복지사 사이에 공통으로 인식하고 그 '수발을 하지 않는 것' 을 전제로 "치매수발은 참어려운 것이죠." "힘든 가운데 함께 살고 계시네요." 라고 하며 현재 함께 있는 것을 칭찬하면서 "힘든 일이라는 것을 잘 알고 있으므로 본인이 바라는 것이 무엇인지 좋은 방법을 함께 생각해 주실 수 있으신지요?" 라고 다음 단계로 나아가도록 발판을 닦는 것이라고 생각합니다. 어쩌면 이러한 자세 때문에 '우리는 당신을 심판하기 위해 있는 것이 아니라 이 상황을 함께 개선하기 위해 왔다.' 라는 메시지를 자연스럽게 상대에게 전달할 수 있고, 앞으로의 상황개선에 첫걸음을 내

디딜 수 있다고 생각합니다.

③ 사회복지사의 깨달음

타임시트는 사회복지사 자신에게도 큰 깨달음을 가져다줍니다.

타임시트를 활용함으로써 대상자 · 가족의 자세한 생활이 '가시화'되고 상대의 상황에 대한 정확한 이해가 가능하다는 것은 이미 전술하였습니다. 상대방의 상황에 대한 정확한 이해는 앞에서도 말한 것같이 수발하지 않은 부분을 파헤치는 것이 아닙니다. 사회복지사는 '이 사람은 이렇게 노력했구나.'라는 것을 알았을 것이고, 이 깨달음에 의해 진심으로 '이 사람을 돕고 싶다.' '상황을 개선시키고 싶다.'는 공감적 이해를 하게 되었을 것입니다. 이때 사회복지사는 원래 가지고 있던 그 가족이나 대상자에 대한 선입견을 없앨 수 있습니다. 예를 들면, 사회복지사의 경우 자신이 세운 계획의 문제를 알게 되어 바로 수정을 하는 등 상대방을 올바로 이해함으로써 앞으로의 관계의 작은 힌트, 지원의 단서를 발견하게 됩니다.

이와 같이 타임시트 면접을 거듭함으로써 사회복지사와 가족 · 대상자 본인의 관계성이 조금씩 조성되어 갑니다.

 포인트 31   사회복지사 자신의 깨달음

사회복지사가 수발자의 상황을 공감적으로 이해할 수 있다(단순한 가시화가 아니다).
(예) 이 분이 이렇게도 노력해 왔구나…….

자신이 세웠던 계획에 문제가 있음을 깨닫는다(수정할 수 있다).
(예) 알지 못했구나. 낮보다는 야간에 방문요양을 도입하는 것이 좋다는 것을…….
- 해결의 실마리가 보인다.
- 모든 것은 상대방 상황의 올바른 이해부터!

타임시트 활용의 효과

| 위험·리스크와 안전의 균형 잡힌 정보수집 | 생활과제에 대한 깨달음 |

대상자와의 공감적 이해와 관계형성

모든 것은 상대에 대한 올바른 이해로부터

(5) 앵무새대화법

타임시트를 보다 효과적으로 사용하기 위해서는 의사소통기술도 중요합니다.

상대의 말을 그대로 받아들이고, 격려하며, 칭찬할 때는 앵무새대화법도 활용할 수 있습니다. 이 경우 '할 수 있는 것, 그리고 실패한 것'의 순서로 이야기했다면, 천천히 여유 있는 태도로 "실패하였지만 할 수 있는 것도 있군요."라는 순서로 앵무새처럼 되풀이하여 말하는 것도 일종의 칭찬이 될 수 있습니다.

> 가족: 열심히 노력하고 있는데 전혀 말을 들어주지 않아 짜증 나서 그만 손을 들고 말아요.
> 사회복지사: 전혀 말을 듣지 않아 짜증 나서 손을 들기는 하지만 열심히 노력해 오셨네요.

이렇게 함으로써, 두 사람 간의 대화의 내용을 '가족이 무엇인가 할 수 있는 날이나, 할 수 있는 것'에 초점을 두어 자연스럽게 이야기를 전개해 나갈 수 있게 됩니다.

앵무새대화법

앵무새대화는 매우 중요한 기법

• 상대의 말을 받아들여 격려, 위로하는 마음을 담아 반복합니다.

잘 활용하기 위한 하나의 요령

• '할 수 있는 것, 그리고 실패한 것'의 순서로 이야기했다면, 천천히 여유 있는 태도로 "실패하였지만 할 수 있는 것도 있군요."라는 순서로 앵무새처럼 되풀이하여 말한다.

  (예) 열심히 노력하고 있는데 전혀 말을 들어주지 않아 짜증 나서 그만 손을 들고 말아요.

   → 전혀 말을 듣지 않아 짜증 나서 손을 들기는 하지만 열심히 노력해 오셨네요.

4 타임시트 면접의 역할놀이

그럼 실제로 타임시트를 사용해 역할놀이를 해 봅시다.

전술한 타임시트의 설명에서 타임시트는 위험 · 리스크, 안전탐색, 더 나아가 과제의 확인, 사회복지사와 대상자 · 가족과의 관계형성에 유효하다는 등 다양한 활용방법에 대해 설명했습니다. 이번에는 관계형성에 초점을 맞춰서 역할놀이를 시도해 봅시다.

(1) 역할놀이의 순서

지금부터 시도해 보는 역할놀이의 순서는 다음과 같습니다.

① 2인 1조가 됩니다.

② 듣는 역할과 이야기하는 역할을 정합니다.

③ 10분 정도 면접을 실시하고 들었던 이야기를 메모합니다.

④ 교대 시에는 신호를 보내 역할을 교대하여 같은 방법으로 ③을 실시합니다.

⑤ 면접의 요약 방법을 배우고 실천해 봅니다. 3분씩 실행해 봅니다.

⑥ 마지막에 정리를 합니다.

(2) 역할놀이의 실제

① 2인 1조

그럼 실제로 역할놀이를 시작합니다. 우선 옆 사람과 2인 1조가 되어 주세요.

② 역할분담

다음은 사회복지사의 역할과 대상자의 역할을 정합니다.

타임시트를 보면서 10분 정도 상대방의 이야기를 들으며 메모해 주세요.

③ 역할놀이

역할놀이의 테마는 '바쁜 나의 하루'입니다. 시트를 보면서 상대가 어떤 바쁜 하루를 보내고 있는지 물어보세요.

대상자·가족의 모의사례가 아니라, 왜 여러분 자신의 사례로 역할놀이를 해야 하는지에 대해 간단히 설명하겠습니다. 자신이 대상자·가족의 역할을 연기하는 것은 대상자와 가족이 면접에서 어떤 기분인지를 체감할 수 있습니다. 우리들이 실시했던 연수를 마치고 받은 설문조사에 따르면 이러한 체감과 상대의 공감적 이해와 경험이 학대 대응에의 지원이 가능해지고, 지금보다 더 잘할 수 있을 거라는 '대처 가능성'을 향상시킨다는 것을 알았습니다. 따라서 자기 자신의 예로 간주하고 이야기하는 방식을 채택한 것입니다.

그럼 시작해 봅시다. "아침에는 몇 시에 일어나십니까?" "그리고, 그래서?"

"가족은 몇 명입니까?" "도시락 ○○인분, 굉장하네요. 아침부터 그렇게 많이 만드십니까?" "그리고?"라는 방식입니다.

알고 있다고 생각하지 말고, 모르는 것이 나오면 구체적으로 질문을 하여 상대의 어려움을 같이 느낍니다. 포인트는 자연스럽게 "아, 열심히 하시는군요."가 나올 때까지 파고들어 가면서 질문하는 것입니다. '힘드셨겠구나……'라는 생각이 들면 위로의 말을 하도록 합시다.

그럼 시작해 봅시다.

 역할놀이 '바쁜 나의 하루'

- 시트에 기록하면서 어떤 하루를 보내고 있는지 물어보세요.
- 알고 있다고 생각하지 말고, 모르는 것에 대해 계속해서 구체적으로 질문하여 어려움을 같이 실감할 수 있도록 해 주세요.
- 어렵다고 생각이 들 때는 그때마다 정확히 위로를 합니다.
- 그럼 역할교대를 해 봅시다.

④ 교대

어떠셨습니까? 자신의 바쁜 하루를 말할 수 있었는지요? 아마 처음부터 사회복지사 역할을 한 사람이 "힘드시겠네요. 그렇군요. 노력하고 계시네요."라는 말을 연발하면 이야기하는 쪽이 힘들었을 것입니다. 처음에는 담담히 들으면서 핵심에 접어들었을 때 "그건 대단하네요."라고 하는 것이 말하기 쉬운 분위기가 될 것입니다.

또 이러한 연습은 상대방에게 칭찬을 받기 때문에 대상자 역할을 한 사람은 매우 부끄러워하며 그만 "그런 거는 아니에요, 당신이 더 대단해요."라고 겸손해지는 사람이 많은 것 같습니다. 그렇다고 하더라도 이 부분에서는 칭찬의 말을 계속해 주세요. 그런 칭찬에 의해 자신이 열심히 분발하고 있다는 것, 노력하고 있다는 것을 깨닫게 됩니다. 동시에 칭찬받는 기쁨도 꼭 실감해 보시기 바랍니다.

⑤ 정리방법

상대의 이야기를 진지하게 경청하였다는 표시로 간결한 '요약'과 '감사'를 표현하는 것은 면접기법의 기본입니다. 지금 작성한 시트를 보면서 "당신의 생활은 이렇군요."라는 요약부터 정리를 합니다. 정리에서 새로운 말을 하거나 덧붙여 이야기하는 것보다 상대가 한 말을 그대로 써서 그 말을 그대로 상대에게 돌려줍니다.

① 요약: ○○○ 같은 하루를 보내고 계시는군요.
② 위로: 특히 ○○ 등은 정말로 노력하고 계시는군요.
③ 보충질문: 어떻게 해서 이런 일을 계속할 수 있으셨습니까?
　　　　　　무엇이 버팀목이 되었습니까?
④ 긍정적 앵무새대화법: 새벽에 일어나는 것은 힘들지만, 실금이나 기저귀가 살에 쓸리지 않도록 2시간 간격으로 일어날 수 있게 자기 전에 물을 마시고 자신을 통제하며 노력하고 계시네요. 그 자세는 정말 대단하고, 훌륭하다고 생각합니다.

이렇게 상대방이 하는 이야기를 연결해서 정리해 갑니다. 사람과의 의사소통은 배움의 깊이가 있는 것입니다. 그리고 자신이 알지 못했던 많은 것을 깨닫게 됩니다. 거기서 '알지 못했구나, 대단하구나'라고 깨달은 것을 상대방에게 전해 주세요. 당신의 혼잣말 같은 깨달음의 말이 상대에게 큰 힘을 준다는 것을 의식해 주십시오. 그리고 이러한 정리의 말에 의해서 그 대화의 '의의 · 의미'가 명확해집니다. 그럼 3분씩 ①에서 ④의 정리를 해 보시기 바랍니다.

정리의 방법

〈정리〉하는 방법의 요령

• 요약: 이렇게 하루를 보내셨군요.

• 위로: 특히 ○○의 점 등은 정말로 열심히 노력해 오셨다고 생각합니다.

• 보충질문: 어떻게 이런 생활을 지속할 수 있었습니까? 무엇이 버팀목이었습니까?

• 긍정적인 부분은 앵무새대화법으로 자신이 어떻게 느꼈는지를 전달한다.

  자신을 다독거리며 가족의 웃는 얼굴을 위해 노력해 오셨네요. 그 태도에 저도 감동을 받았습니다.

• 정리를 함으로써 '대화의 의의 · 의미'가 명확해진다.

⑥ 회고하다

여기서 역할놀이를 종료합니다. 수고하셨습니다. 짝을 이뤘던 사람과 서로 감상을 이야기해 봅시다. 모두 함께 공유하고 싶은 감상이나 질문이 있으면 손을 들어 주세요.

사회복지사가 하는 면접이란 어깨 마사지와 닮아 있습니다. 어깨가 너무 뻐근한 대상자는 등 전체를 어루만져도 뭔가 부족하다고 느낍니다. 그렇지만 "여기야 여기" 하고 뭉친 근육을 눌러 주었을 때 이 사람은 뛰어난 기술을 가진 시술자라고 실감하고 그 사람에 대한 신뢰가 높아집니다.

면접도 마찬가지입니다. 맹목적으로 칭찬이나 공감의 말로 반응하는 것이 아니라 '여기'라는 포인트를 찾는 것이 중요합니다. 그러기 위해서 그 포인트가 어디에 있는지 분명히 알아야 합니다. 사회복지사는 철저하게 듣는 사람으로서 상대방이 자신의 생활실태에 관해 이야기하도록 하는 것이 최우선입니다. 그에게 귀를 기울이며, 상대의 생활 속에 있는 위험, 리스크, 안전의 신호, 그리고 생활 과제로 이어지는 다양한 지원의 실마리를 찾는 것이 중요합니다. 타임시트 면접은 그러한 대화를 쉽게 하기 위한 도구라고 할 수 있습니다.

'이렇게 길게 상대방과 면접할 수는 없다. 하루의 내용을 담담하게 듣기에는 시간이 너무 걸린다.' 고 생각하는 사람도 있을 것입니다.

　그렇지만 상대의 생활은 하루 24시간이며, 그 24시간은 날마다 다르고 그 생활의 느낌도 그날의 몸 상태에 따라 변합니다. 이러한 자세한 내용을 파악하기 위해서는 지름길이 좀처럼 없어 보입니다.

　학대문제에 대응하는 해결의 실마리는 상대가 이미 가지고 있는 작은 변화입니다. 상대의 생활 속에 있는 작은 변화의 싹, 그 존재를 사회복지사 자신이 깨달아 그것을 지원에 활용할 수 있는지가 중요하다고 말할 수 있을 것입니다.

제5장

'안심만들기' 면접의 방법

곤란(어려움), 문제에 대해 명확히 대화하면서, 동시에 강점
에 대해서도 상의하여 상황을 개선하기 위해 연결하는 기법입
니다.

1 문제의 유형과 '예외' · '대처'의 확인

(1) '안심만들기시트'를 이용한 면접

　문제행동에 대해 어떤 화제가 돌출되었다면, 다시 가정방문하여 그 화제를 깊이 파악하고 문제의 재발을 막기 위한 필요한 자원의 확인을 면밀히 해 가는 면접을 실시합니다. 그리고 '대상자나 가족이 바라는 상태' '실현되면 좋을 것이라고 생각하는 상태'로의 목표에 대해 함께 논의하고, 그 목표에 근접하기 위한 당장의 작은 과제를 생각하도록 합니다. 이 면접은 '안심만들기시트'([그림 5-1])를 사용해서 실행할 수 있습니다.

　'안심만들기시트'는 ① 문제가 일어나기 쉬운 유형과 그 예외나 대처, ② 자원의 확인 · 탐색, ③ 바라고 있는 모습(상태)과 실현 할 수 있을 것 같은 과제, 세 부분으로 구성되어 있습니다. 편의상 한 장의 시트에 정리하였지만 각각 매우 깊은 의미를 담고 있습니다. 각각의 내용을 하나씩 확인해 봅시다.

　첫 번째는 '문제가 일어나기 쉬운 유형과 그 예외나 대처'에 관한 부분입니다. 악순환을 끊고 어떤 부분을 바꾸면 좋을지 검토하는 것이 목적입니다.

　두 번째는 대상자, 가족의 자원을 탐색하고 확인해 가는 부분입니다. 가족의 역사라는 자원, 가족의 우호관계자원, 그 사람이 소중히 여기는 가치관에 대해서 상의해 갑니다. 이런 대화를 통해서 지원할 때 활용할 수 있는 자원이나 배려해야 할 포인트에 대해 정보를 수집합니다. 문제가 확실히 밝혀지지 않은 단계에서는 이 부분부터 먼저 시도할 수 있습니다. 이러한 대화는 초기 단계에서 시작할 수도 있으며 문제의 예외나 대처, 과거에서 현재에 이르기까지의 가족사를 제대로 파악하여 정보를 수집함으로써 빗나간 목표를 제안하지 않을 뿐 아니라, 가족과의 적절한 관계를 만들 수 있습니다.

　세 번째는 대상자나 수발자가 바라고 있는 '모습(상태)'과 실현할 수 있을 것 같

안심만들기시트

이름 (   )   기입일   년   월   일   기입자 (   )

문제가 일어나기 쉬운 유형과 그 예외나 대처

※ 배경, 동기, 문제의 패턴을 써 봅시다. 패턴이 보이면 예외를 논의합시다.

※ 예외란 패턴과는 다른 것이 발생했을 때의 것입니다. 무엇이 도움이 되었는지 생각해 봅시다.

자원(리소스)의 확인 탐색

◎ 대상자나 가족(수발자)이 어떤 삶을 살아오셨는지요?

◎ 대상자나 가족(수발자)이 양보할 수 없다고 생각하는 것, 중요하게 생각하는 가치관, 존중하는 사람은 있습니까?

바라고 있는 상태와 실현할 수 있을 것 같은 과제

◎ 대상자나 가족(수발자)이 안심하고 있을 때는 어떤 것이 되어 있었는지요? 어떻게 보내고 계신지요?

◎ 대상자나 가족(수발자)이 안심하고 보낼 수 있는 순간을 만들기 위해서는/그것에 가깝게 가기 위해서는 무엇이 필요하다고 생각하십니까? '질병이 낫고, 신체가 좋아져야 한다.' 라는 답이 나왔다면 '그렇군요. 정말로? 그리고, 그 밖에는? 이라고 질문해 봅시다.

ⓒ AAA(안심만들기 · 안전탐색 · 어프로치연구회)

[그림 5-1] 안심만들기시트

은 과제에 관해 상의하는 부분입니다. '어떤 모습을 바라고 있는가?'라는 의미의 목표, 즉 마음속의 바람은 무엇인지 상의하고 그것을 위해 무엇이 실현되어야 좋을 것인가라는 당면 과제를 찾아가는 부분입니다.

(2) 문제의 패턴과 '예외'나 '대처'에 관한 상의

먼저 문제의 패턴과 예외·대처를 확인하는 작업을 왜 해야 하는지 설명하겠습니다. 이것은 해결중심접근법이 생겨난 가족치료 안에서 발전해 온 방법입니다. 가족 내에서 해결되지 않는 것은 악순환의 패턴이 된다고 합니다. 즉, 가족 내에서 오래 지속되는 문제의 상황은 열심히 개선하려고 해도 그 방식에 능숙하지 않기 때문에 악순환이 되어 버리는 것입니다. 그리고 잘해 보겠다고 노력했던 것이 반대로 화근이 되어 좀처럼 개선되지 않아 당사자들은 무력감과 '무엇을 해도 안 된다.'는 체념, 자포자기로 이어지는 것입니다. 그러므로 이러한 상황에서 누가 나쁘다고 비난하는 것은 도리어 악순환을 강화시키는 것입니다.

[그림 5-2]를 예로 들어 설명하겠습니다. 이 사례는 말이 없고 조용하며 자기 스타일을 지키는 남편의 다정함에 끌려서 결혼했던 여성이 주인공입니다. 남편

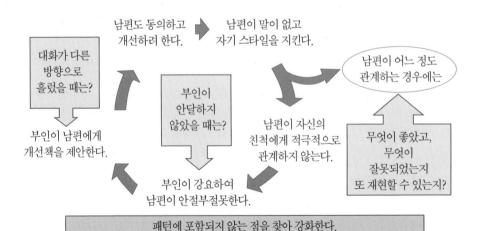

[그림 5-2] 문제의 패턴과 예외, 대처

은 결혼한 후에도 말이 없고, 자신의 스타일이지만, 말하는 것을 그다지 좋아하지 않았습니다. 명절이 되면 부부가 남편의 본가에 가지만 남편은 여전히 말이 없고, 아내와 함께 왔음에도 불구하고 결혼 전 자기가 쓰던 방에 틀어박혀 옛날을 그리워하며 나오려고 하지 않습니다. 오랜만에 아들이 와서 기분이 좋은 시부모님은 신혼생활은 어떤지 이것저것 묻고 싶은 마음이 크지만, 아들은 자기 방에 틀어박혀 있으므로 아내에게 친근하게 여러 가지 이야기를 묻습니다. 며느리 입장에서 같이 남편의 방으로 도망갈 수도 없고, '이래도 괜찮을까?' 불안해하며 열심히 남편의 편을 들며 이야기를 합니다. 하지만 꽤 힘이 듭니다. 이야기가 길어질수록 조금씩 짜증이 납니다. 그래서 밤이 되어 부부만 있을 때, 남편에게 화를 냈습니다. "부탁해요, 당신 부모님이잖아요. 아들과 대화하고 싶어 하시니까 당신도 방에서 나와 얘기 좀 해요!" 부인의 화가 난 모습에 남편은 조금 반성하며 "알았어, 내일은 제대로 할게."라고 말합니다. 그러나 원래 과묵하고 가족과 별로 말을 하지 않았던 아들입니다. 다음 날, 아들 나름대로 노력해서 잠깐 거실에 나왔지만 여전히 조용히 TV를 보거나 신문을 읽기만 할 뿐 부모님께 말을 걸어보려고 하지도 않았습니다. 아내 입장에서 보면 여전히 이것저것 물으시는 시어머니의 대화 상대를 혼자 하는 상황에는 변화가 없습니다. "부탁해요, 어떻게든 해봐요!!"라고 하여 큰 부부싸움이 되어 버렸습니다. 이런 상황을 떠올려 보세요.

이 경우, 아내가 나쁩니까? 과묵한 남편에게 심하게 잔소리를 하는 걸까요? 그렇다면 아내에게 "당신의 말투가 상냥하지 않잖아요."라고 하면 아내는 납득할까요? "나는 이렇게 열심히 하는데, 내가 나쁘다는 건가요?"라는 마음이 들 수밖에 없을 것입니다.

그럼 남편이 나쁩니까? 남편의 집이니 부모와 더 이야기해야 할까요? 남편에게 "당신이 부인을 더 감싸주지 않기 때문에"라고 하면 남편은 납득할까요? "내 집이고 내 부모이며, 부모님은 내가 말이 별로 없는 것을 알고 있는데 어떻게 갑자기 말을 걸어. 그게 더 이상해."라고 기분 나빠한다면 어떻게 해야 할까요? 제삼자가 누가 더 나쁘다고 객관적으로 지적하는 것은 상황이 좋아지기는커녕 부부 사이가 점점 삐걱거리지 않을까요?

즉, 이렇게 악순환이 되었을 때는 정공법으로 하면 오히려 어려워지거나 악화되는 경우가 많습니다. 그렇기 때문에 '예외'나 '대처'를 찾아야 합니다. 예를 들면 '남편이 어느 정도 관여했을 때는?'이라든가 '남편이 방에만 있었지만 아내가 짜증나지 않았을 때는?' '부부의 대화가 남편이 더 말을 하는 방향으로 흘러간 적은?' 등 여러 가지 '예외'를 찾을 수 있습니다.

'예외'가 있고 그것이 나쁜 것이 아니라면 '무엇이 좋았나, 무엇이 틀렸나, 또 재현할 수 있는가?'를 생각합니다. "남편은 어떤 상황에서 부모님과 조금이나마 대화를 합니까? 음…… 아! 불단 앞에서는 언제나 할아버지의 이야기를 하시는군요. 그것은 어떤……? 아, 그렇군요. 어렸을 때 추억은 가끔 이야기를 하시는군요. 그 외에는 없습니까?……" 등 이야기를 넓혀갈 수 있습니다. 그렇게 한다면 남편에게 "방에만 있지 말고 좀 나와요."라는 부탁을 하는 것이 아니라 '남편이 어렸을 때의 추억을 이야기하도록 부탁해 본다.'라는 새로운 패턴을 생각할 수 있습니다.

또 '예외'를 찾지 못할 때는 상황에 어떻게 '대처'하고 있는지 묻는 것이 중요합니다. 잘한 대처인지의 여부는 묻지 않습니다. 어떤 사람이든 어려울 때는 반드시 어떠한 대처를 하고 있습니다. 그것에 대해 확실하게 말할 수 있도록 합니다. "남편이 관여하지 않을 때 아내는 어떻게 대처했습니까?" "부모님과 어떤 대화를 나누는 것이 좋을 것 같습니까?" "어떻게 지내면 조금이라도 마음이 편할 수 있습니까?" "그 밖에 어떤 생각이 있습니까?" 등입니다. 그러면 처음에는 "대처할 수 있는 것은 없습니다. 이제 지긋지긋합니다." 등의 대답이 나올지도 모릅니다. 지긋지긋한 모습을 상상해 보세요. 노골적으로 지긋지긋한 태도를 취할 분인가요? 이렇게 고민하는 분이라면 분명히 미소로 부모님을 대하고 그렇기 때문에 더욱 울분이 쌓여 있다고 상상되지 않습니까?

그렇게 부인의 모습을 확실히 머릿속에 그려 보면 "지긋지긋하지만 남편의 부모님을 걱정하시고 계시네요."라고 자연스럽게 대답할 수 있을 것입니다(이미 소개한 '칭찬' 기법입니다). 그리고 "당신이 그렇게 미소로 최선을 다하고 있으면 부모님은 어떤 반응을 하십니까? 역시 미소를 보여 주시는군요. 역시 착한 며느리를 보셨다고 기뻐하시는 거죠. 그것은 두 분에게 있어서도 매우 소중한 것이네요. 그런데 당신은 울분을 어떻게 풀고 있으신가요?" 등 칭찬을 거듭하면서 다음의 대처방법을 찾아갈 수 있습니다.

대처방법을 묻고 들으면서 칭찬을 거듭하면 '지금 하고 있는 좋은 대처 방법'을 발견하고 계속해서 이어가고자 하는 동기부여를 높일 수 있습니다. 또한 실행할 수 있을 것 같은 변화의 실마리를 찾을 수 있습니다. '예외'나 '대처'에 주목하고 잘 되지 않는 악순환의 패턴에서 빠져나올 수 있는 점을 찾아내 그것을 강화함으로써 패턴에서 빠져나올 수 있습니다.

이러한 사고는 '학대'라는 바람직하지 않은 행위가 일어나는 상황에도 적용할 수 있습니다. 그것이 '안심만들기시트'의 첫 번째 부분입니다.

그렇다면 노인에 대해 부적절한 행위가 있다는 것을 알았을 때, 어떻게 문제의 패턴을 상의하고 '예외'나 '대처'에 대해 질문할 수 있을까요? 다음에서는 그 기법에 대해 설명하겠습니다.

① 문제의 패턴과 예외 찾기

문제의 패턴을 탐색할 때는 '곤란한 일'을 하나의 구체적인 에피소드로 압축하는 것입니다. 몇 가지 마음에 걸리는 것이 있어도 우선 하나의 에피소드를 선택해 주세요. 그리고 그 장면에 대해 더 자세히 탐색합니다. 예를 들어, 조건 중에 언제, 어디서, 누구와 있을 때 등을 묻고 들을 수 있습니다. 그다음으로 중요한 것이 사건의 연쇄, 순서입니다. 즉, 어떤 계기로, 무엇이 일어나서, 그 결과 어떻게 되었는가를 파악하는 것입니다. 실제 대화 속에서는 [그림 5-2]와 같은 원형을 그려가는 것은 어려울지도 모릅니다. 원에 집착할 필요는 없습니다. '어떤 계기로 무엇이 일어나고, 그 결과 어떻게 되었는가?'의 패턴이 보이면 그것으로 충분합니다.

이렇게 하여 패턴이 보이면 '예외'를 찾기 쉽습니다. 직접적으로 묻는 방법으로는 "어려운 일, 걱정거리가 (예외적으로) 조금이라도 적을 때, 더 나을 때, 가벼울 때는 있습니까?"라고 합니다. 예외가 바로 보이지 않을 경우에는 조건이나 계

문제의 패턴과 예외

문제의 패턴을 탐색한다.
- 곤란한(어려운) 일을 하나의 장면으로 압축한다.
- 〈조건〉 언제, 어디서, 누구와 있을 때
- 〈일어난 일의 연쇄〉 어떤 것이 동기가 되어, 무엇이 발생하고, 그 결과는 어떻게 되었는가?

문제의 예외에 주의한다.
- 곤란한 일, 걱정거리가 (예외적으로) 조금이라도 적거나, 더 좋았을 때, 가벼웠을 때는 있는가? 있었다면 왜 그렇게 되었는가?
- 조건이나 동기가 달랐다면 문제는 어떻게 변화할 것인가? 시간(계절), 장소, 타인이 관계하는 경우에도 발생하는가? 그렇지 않은가?

기가 달라지면 문제는 어떻게 변하였는지 물어봅시다. 시간(계절), 장소, 타인이 관련된 경우에도 생기는지, 안 생기는지를 생각하게 하면 조금이나마 어떠한 예외를 찾게 됩니다. "항상 그렇습니까? 아니면 예를 들어 추울 때는 몸 상태가 안 좋다고 말한 적이 있습니까?" "다른 사람과 있을 때는 어떻습니까?" "다른 방에서도 있습니까?" 등등 조건을 바꾸어 질문을 할 수 있습니다.

'예외'를 찾는 질문을 통해 조금이나마 더 좋았을 때를 찾았다고 합시다. 그러면 다음 단계로 갑니다. "어떻게 예외가 생겼는가?"를 물어봅니다. "무슨 일이 있었기에 그런 일이 생긴 걸까요?" "어떻게 그것을 했습니까?" "지지해 주는 사람은 있었습니까?" "어떤 노력을 하셨습니까?"라고 가족의 노력이나 생각, 또한 주위의 도움 등 자원과 방법을 확인하는 것이 중요합니다. "그건 좋았네요."라고 남의 일처럼 감탄하고 끝내는 것이 아니라 '예외'에서 자원을 찾는 것이 중요합니다.

② 문제에 대처하는 질문

'예외를 찾을 수 없다, 떠오르지 않는다, 문제에 압도되어 있다.'라고 하는 사람에게는 대처방법에 대해 질문하는 것이 중요합니다. 어려운 일, 걱정거리에 굴복하지 않도록 '노력해 온 것' '어떻게든 견뎌온 것' '중요하게 생각해 온 것' 등 자기 자원을 가능한 한 많이 묻는 것입니다. "어떻게 대처해 왔습니까?" "그래서?" "다른 것은?" "힘든 상황에서 어떻게 그렇게 해 오셨습니까?" "죽고 싶을 정도로 괴로우셨겠네요. 그래도 어떻게든 견디고 여기까지 올 수 있었군요. 어떻게 견딜 수 있었습니까?" 등입니다.

대처에 대해 질문할 때는 몇 번이고 방법을 바꾸어 질문하기보다는 깊게 파고들어 하나를 생각하게 하기 위해 "그리고?" "그 외에도?"라는 질문을 하는 것이 바람직합니다. 그러나 너무 집요하게 물어보면 의아한 표정을 지을 수도 있으니 상대의 얼굴을 봐 주세요. 불쾌한 얼굴을 하지 않는 한 끈질기게 물어보는 것도 좋습니다.

대처에 관한 질문에서도 대처를 위한 좋은 방법을 말했다면 반드시 "이렇게 노력하고 계시는군요."라는 칭찬을 해야 합니다. 또 "특별한 대처가 아니라 단지 ○○하고 있는 것뿐이다."라고 하는 분도 많습니다. 그 상황을 확실히 머릿속에서 상상하면 '단지 ○○하는' 것이 얼마나 큰 일인지 통감할 수 있습니다. 그 경우에도 "단지 ○○를 계속해 온 것뿐이라도 대단한 일이라고 생각합니다."라고 정중히 긍정적인 표현으로 반응합시다.

문제에 대처하기 위한 상의

문제의 대처방법을 탐색한다.
- 어려운 일, 걱정거리에 굴복하지 않고 노력해 온 것, 어떻게든 분발해 온 것, 중요하게 생각해 온 것(자기 자원)을 가능한 한 많이 묻는다. "그리고?" "그 외에도?" "힘든 상황에서 어떻게 그렇게 해 오셨습니까?"
- 당연하다고 생각하지 말고 역경을 견디는 힘, 버팀목을 정중히 존중한다.

(3) '예외'나 '대처'에 관한 상의를 효과적으로 하는 비결

'예외'와 '대처'에 대해 때때로 사회복지사가 일방적으로 '말하여 받아들이게 하자'고 해 버리는 경우가 있지만, AAA에서는 '대화'를 중요시합니다.

왜 대화일까요? 이것은 '질문해서 생각하게 하는' 과정을 중요시하고 있기 때문입니다. 타인이 "당신은 정말로 열심히 노력하고 있습니다."라고 말하면 당신은 그것을 그대로 받아들일 수 있습니까? 기분은 나쁘지 않겠지만, '정말로 열심히 해 왔구나.'라고 깊이 깨닫는 사람은 드물 것입니다. 대부분은 인사치레로 흘려듣거나 '현실도 모르는 주제에……'라며 비꼬아 듣거나 '이 사람, 왜 나에게 이렇게 말하지?'라고 생각하는 등 마음에 걸리는 부분이 생겨납니다.

오히려 "당신은 이렇게 힘든 일을 함에도 야단맞거나, 이젠 다 싫다, 그만 두려다가도 이렇게 공부하고 연수에 참가해서 무엇인가를 배우려고 하시네요. 어떻게 그러실 수 있지요? 어떻게 자신을 지탱하고 있나요?"라는 질문을 받으면 어떻습니까? 그럼 뭔가 열심히 생각해서 답을 찾아갈 겁니다. "음…… 그거야 일이니까요……. 뭐라고 해야 하나……. 역시 기뻐하는 사람이 있으니까……. 뭘까……."라고 거듭 생각하며 얼버무리면서 대답을 할 것입니다. 그것을 부정하지 않고 받아들이면서 "나의 일이고, 기뻐하는 사람이 있다는 생각을 하며 열심히 해 온 것 같아요."라고 하면 어떨까요. '그렇구나' 하고 납득하지 않겠습니까?

이 차이는 대단히 큽니다. 사회복지사로서 중요한 것은 사회복지사의 말을 비판 없이 받아들여 달라는 것은 아닙니다. 보다 납득이 가는 방법으로 생각하면서 받아들여 달라는 것입니다. 그렇기 때문에 대화의 과정이 매우 중요합니다.

그리고 또 하나, '예외'와 '대처'의 이야기를 하고 있을 때 "다른 사람한테 도움을 받으면……."이라는 말이 나올지도 모릅니다. 경험이 적은 사회복지사는 이 말에 숨겨져 있는 창피함이나 스스로 자신의 것을 제대로 하겠다는 마음에 사로잡히기 쉽습니다. 물론 자기 스스로 하고 싶은 기분은 자존심을 위해서라도 정말 중요합니다. 그러나 그로 인해 '남에게 도움을 받는 것은 한심하다.'라는 생각에 너무 빠져 버리면, '서비스를 최대한 이용 안 하는 편이 좋다.'는 말을 들으면 곧

포인트 37　예외나 대처에 대해 상의하는 의미

질문하여 생각하게 하는 것의 중요함

- 타인으로부터 '당신은 참 잘해 오신 사람이네요.'라는 말을 듣는 것보다는 스스로 '정말 노력해 왔지.'라고 말했을 때 '정말 그렇군요.'라는 말을 듣는 것이 더 좋다.

지지 망은 그 사람 자신의 강점이라고 말로 전달한다.

- '다른 사람에게 피해를 줘서…….'라든가 '자신의 것도 스스로 할 수 없어서'라는 기분에 너무 빠지지 않도록 한다.
- 다른 사람의 힘을 빌리는 용기, 겸손함, 신뢰감, 균형 잡힌 판단력 등 대상자·가족의 강점을 말로 전달하는 것이 중요하다.

란해질 수밖에 없습니다. 또 사회복지사가 '자신의 일을 혼자서 할 수 없는 분함'에 크게 공감하는 것은 '나이가 들수록 많은 것을 할 수 없게 된 사람은 한심하다.'고 생각하고 있는 것처럼 전해질 수도 있습니다. 사회복지사는 그렇게 생각하지 않더라도 대상자나 그 가족 중에는 그렇게 생각하는 사람이 있으며 사회복지사의 부주의한 공감에 의해 그런 '한심함'이 커져 버릴지도 모릅니다. 그렇게 된다면 어려운 상황 속에서도 할 수 있는 노력에 대한 의욕이 꺾일지도 모릅니다.

중요한 것은 '상황을 객관적으로 보고 적절히 타인의 도움을 받을 수 있었다.'라고 하는 행위에 포함된 '용기' '겸허함' '타인에 대한 신뢰감' '균형 잡힌 판단력' 등의 강점입니다. 이것을 확실하게 말로 전달해 가는 것이 중요합니다.

2 자원의 확인과 탐색

(1) 현상 속에서 가족의 강점을 사정한다

안심만들기의 두 번째 부분입니다. 이것은 노인에 대한 사례회의의 사정에서도 배웠던 것입니다. 사람을 환경과의 상호작용 속에서 파악하고, 특히 과거에 어떤 대화가 있었고, 현재는 어떤 대화로 확대되었는지를 파악합니다. 단, AAA의 경우는 거기에서 '강점'과 지원 시 배려해야 할 점을 확인한다는 시각을 가지기 때문에, 문제를 찾을 필요는 없습니다(문제에 대해서는 첫 번째 부분에서 확인합니다).

현재의 상황을 사람과 환경과의 상호작용에서 파악하기 위해 구체적으로 어떤 대화를 할 수 있을까요? 크게 나누어 세 가지의 관점에서 활용할 수 있다고 생각합니다. 첫 번째는 가족의 구성과 가족의 역사, 두 번째는 현재의 공적 원조기관과의 관계, 세 번째는 '지원자'가 아닌 '생활자'로서 가족 자신의 생활모습입니다.

① 가족의 구성과 가족의 역사

첫 번째 관점인 가족의 구성과 가족의 역사에 대해서는 가족구성원에 대해 묻고 그 가족에게 어떤 과거가 있었는지 질문하면서 강점을 파악해 갑니다(물론 동시에 조건이나 상처 등이 연상되어 배려해야 할 점이 드러날 수도 있습니다). 예를 들어 이런 식으로 물어볼 수 있습니다. 살아온 과거에 감춰진 강점에 초점을 맞춘다면, 가족의 구성에 대해 묻고 인생의 사건이나 이벤트가 있었을 때 각자의 나이를 확인하면서 어떤 에피소드가 있었는지 물어봅니다.

예를 들면, 아들에 대해서 "결혼은 몇 살 때 하셨나요?" "사모님은 몇 살 정도……." "그렇군요. 그럼 부모님은 어떤 느낌이었을까요? 드디어 결혼했다고 기뻐하셨을까요? 소중한 아드님을 며느리에게 빼앗겼다고 생각하셨을까요?"라고 가볍게 유인해 볼 수 있습니다. 또한 아버지가 돌아가신 것은 언제이며 그때 어머니는 몇 살이었으며, 어떠한 반응이었는지, 가족은 어떻게 지탱해 왔는지, 힘들었던 일은 무엇이며 어떻게 극복했는지 등을 묻습니다. 수발을 위해 일을 그만두었다고 한다면, 그때 친척의 반응 등을 확인할 수도 있습니다.

여기서 가족관계의 일부를 알아볼 수 있습니다. 어떠한 강점이 있는지, 지원할 때 어느 부분을 배려하는 것이 좋은지에 대해 파악할 수 있습니다. 이러한 가족관계에 주목하면서 과거의 강점을 끌어 내는 면접방법을 '지노그램(genogram) 면접'이라고 합니다. 지노그램이란 가계도를 지칭합니다. 가계도를 기본으로 가족의 역사에 대해서 생각하므로 다양한 가족 상황을 파악해 가는 단서가 됩니다.

② 현재의 원조기관과의 관계

두 번째의 관점은 현재의 지원관계를 중심으로 한 대화의 경우입니다. 여기에서는 특히 생태도를 작성하면서 이야기를 전개해 나갈 수 있을 것입니다. 예를 들어, 일을 할 경우에는 직장에 대해서, 또는 부모님이 다니는 병원, 담당 사회복지사, 이용 서비스에 관한 평가, 느낌 등에 대해서도 물을 수 있습니다. 물론 대상자나 가족에게 병이나 장애가 있으면 통원 장소나 이용 기관에 대해서 느낀 점을 물을 수 있습니다. "어떤 곳입니까? 어떤 직원들이 있습니까? 여기에 와서 좋았다고 생각하는 것은 무엇입니까?" 등입니다. 물론 원조자 중에 비공식적인 인근의 친구도 포함시켜 가는 것이 중요합니다.

만일 서비스 제공 기관에 대해서 어떤 험담이 나왔을 때는 부정도 공감도 하지 않고 "그러한 일이 있었군요." "그러한 기분이셨군요."라고 답하는 정도로 합니다. 공감하지 않는다는 지적이 있으면 "직접적인 것은 알지 못하므로, 단지 ○○씨가 실망하신 점이 있구나라고 생각했습니다."라고 답하는 정도로 해 주세요. 잘못을 했더라도 "그 시설 이상하네요." 라고 대답하지 않는 것이 앞으로의 지원관계를 지속함에 있어 유용합니다. 어쨌든 이 대화를 통해서 연계 가능한 지원 창구를 넓힐 수 있습니다.

③ 생활자로서의 가족의 생활모습

세 번째의 관점은 '생활자'로서의 가족에 대한 이야기입니다. 가족은 가족으로서의 생활이 있을 것입니다. 가사와 돌봄 이외에 어떠한 생활이 있을까요? 취미생활을 할 시간은 있습니까? 자신이 자신답게 지낼 수 있는 순간은 언제입니까? 친구와 이야기할 시간은 있습니까? 직접 만날 수 없어도 전화나 편지, 메일 등의 교류는 있습니까?

비공식적인 부분이며 가족들은 대상자 본인이 아니므로 질문하는 것이 죄송스러울 수 있습니다. 하지만 여기까지 이야기를 할 수 있는 정도라면 "지장이 없는 범위에서 들려주세요."라고 부탁하는 것은 결코 실례가 아닙니다. 이것이 손상되고 있을 때는 그 가족이 어떠한 위기 상황에 있다는 암시이기 때문입니다. 사람을 고립감에서 구하는 것은 이러한 비공식적 관계가 많습니다. 가족의 안전을 위협

 포인트 38   자원을 확인 · 탐색한다.

가족구성원에 대해 묻는다-과거에서 현재까지의 자원

• 인생사의 사건이 있었을 때의 가족 에피소드를 묻는다.

당신의 결혼은 언제? 부모님은? 아버님이 돌아가셨을 때 어머니는?

일을 그만 두었을 때 다른 가족은?

현재 이용하고 있는 서비스의 정보-현재 주위에 있는 자원

• 직장, 병원, 담당 사회복지사, 이용서비스에 대한 평가, 소감(느낌)

험담을 하는 경우에는 공감하지 말고 '그렇습니까?'

활용할 수 있는 지원 창구를 찾는다.

취미, 비공식적 교류의 정보—현재의 본인, 주위의 자원

• 취미를 위해 노력할 수 있는 사람은 의외로 많다.

• 취미를 잃어 버렸다는 것은 수발자에게 고통이 된다.

이러한 것을 통해서 대상자나 가족이 중요하게 생각하고 있는 가치관을 탐색한다.

—현재 본인이 갖고 있는 자원

하는 '고립감' 에 빠져 있지는 않은지, '상담할 수 있는 친구가 있다.' 는 강점이
유지되고 있는지 정확히 확인해야 합니다.

(2) 협동적인 기록 방법

이 부분에 대해서는 기록을 다른 용지에 본인과 가족을 함께 작성하고, 웃음이
날 것 같은 것을 만들어 보는 것은 어떨까요? 예를 들어, 가계도를 그릴 때, 사람
을 기호로 쓰는 대신에 사람 그림으로 그려보거나, 동그라미 안에 웃는 얼굴을 그
려보는 것만으로도 분위기가 많이 바뀌게 됩니다. 이야기를 하면서 얼굴을 그리
거나 '누나와 가끔 통화한다.' 라고 한다면 대상자와 누나 사이에 전화기 모양을
그리거나, 전화줄 모양으로 연결해 보는 유머를 섞어서 그리는 것이 중요합니다.
또한 생태도를 그릴 때도, 문자뿐만 아니라 그림으로 그릴 수 있습니다. 잘 그
릴 필요는 없습니다. 동그라미에 막대기로 대충 그린 '사람' 그림만으로도 즐거
운 분위기가 될 것입니다([그림 5-3]).

[그림 5-3] 생태도의 예

이러한 그림을 그릴 때는 "이러한 느낌은 어떠신지요?"라고 수시로 확인하거나, 가족이 응해 주실 경우에는 스스로 그리게 할 수 있습니다. 그렇게 함으로써 협동하게 되고 보다 쉽게 문제해결에 접근하게 될 것입니다. 그림을 그려 가면서 점점 그 외의 등장인물이나 평소 아는 사람, 이야기를 하는 사람, 밖에서 만나는 사람 등을 추가해 갈 수 있습니다.

3　바라고 있는 '모습(상태)'에 관한 상의

(1) 바라는 모습(상태)은 무엇인가

이제 세 번째 부분입니다. 여기서는 대상자나 가족이 바라는 미래의 모습은 어떤 것인지에 대해 상의합니다. 향후 지속적인 지원관계를 맺어가면서 반드시 이러한 대화는 필요할 것입니다. 단, 여기서 이야기하는 것은 '어떤 서비스를 이용하면 좋을까'가 아니라 가족이나 대상자의 마음속의 바람은 무엇이고, 어떤 모습(상태)을 원하는가에 대한 것입니다. '서비스의 이용'은 어디까지나 방법입니다. '방법'과 '모습'을 혼동하지 않도록 주의하는 것은 중요합니다. 목표에 대해 논의하면 자주 '무엇을 해야 할까'라는 방법을 이야기하기 쉽습니다. 주간보호서비스 이용, 방문목욕 이용, 방문재활훈련 활용 여부 등 방법은 많을지도 모릅니다. 그러나 방법은 어디까지나 방법입니다. '방법'을 이용했으면 좋겠다고 '진심으로 바라는' 것은 대부분 사회복지사입니다. 본인과 가족의 마음을 움직이기 위해서는 방법의 이용이 아니라 '꿈, 바라는 모습'입니다. 어떤 모습이 실현되면 좋은가, 꿈이 이루어진다는 것은 어떤 모습인가를 정확히 이야기하는 것이 중요합니다.

그러기 위해서는 가족과 본인의 마음속에서 바라고 있는 이야기를 소중히 하고 어떤 모습을 말하는지 확인해 주세요. 가족과 본인이 생각하는 바람은 가끔

'마음이 편하고 싶다.' '조금이라도 편해지고 싶다.' '쉬고 싶다.' 같은 것들입니다. 그 말을 소중히 여기며 "마음이 편해지면 당신은 무엇을 하고 싶습니까?" "조금이라도 편해진다면, 무엇을 하고 싶습니까?"라고 진지하게 이야기를 이어가고 그 장면을 머릿속에 영상으로 재현할 수 있도록 보다 자세하게 물어보세요. "조금이라도 마음을 놓기 위해 요양보호사를 이용하지 않겠습니까?" 등 성급히 방법을 제안하지 않도록 해야 합니다.

그중에는 가끔 심한 표현을 하시는 분도 있을 것입니다. "속마음은 빨리 죽었으면 좋겠어요."라고 말할지도 모릅니다. 그러한 경우라도 "그렇게 느낄 정도로 심각하군요."라고 공감하는 말을 한 후, "그 심각한 것이 없어진다면 우선 어떤 것을 하고 싶습니까?"라고 물어볼 수 있습니다. 죽음을 바라는 것은 안 좋은 일이지만, 죽음을 바랄 정도로 '궁지에 몰려 있다.'는 것은 사실이기 때문입니다. 정말로 죽고 싶다/죽어 줬으면 좋겠다는 것보다 '궁지에 빠진 상황에서 도망칠 방법이 그것밖에 떠오르지 않는다.'는 마음의 표현이 '죽었으면'이라는 매우 지쳐서 쓴 표현인 경우가 많을 겁니다. 사회복지사로서 필요한 것은 '죽고 싶다.'라는 말에 공감하거나 부정하는 것이 아니라, 궁지에 빠진 상황을 이해하고 '거기에서 벗어나면 어떤 모습일까?', 즉 원하는 모습은 무엇인지 자세히 묻습니다. 처음에는 허황된 꿈 같은 말만 나올 수도 있지만 그래도 침착하게 "그래서?" "그리고?" "어떻게 지내고 있습니까?"라고 물으면서 지극히 작은, 사람으로서 당연한 꿈이나 희망, 원하는 모습을 들을 수 있게 됩니다.

가끔 마음속 바람을 잘 말하지 못하는 사람도 있습니다. 사회복지사의 눈치를 보면서 "주간보호서비스 같은 것을 더 이용하면 좋겠지만……."이라고 말할지도 모릅니다. 사회복지사 쪽에서 "요양보호사를 좀 더 많이 쓰는 게 좋지 않을까요?"라고 말하고 싶을지도 모릅니다. 그러나 이 단계에서 서비스의 제안을 하는 것은 시기상조입니다. 마음속에서 바라는 것이 무엇인지 하나도 모르고 있기 때문입니다. 이럴 때는 "주간보호서비스를 이용하면 어떻게 될 것 같습니까?"라고 앞으로의 '모습'을 물어보세요. 그것이 바라는 모습이라면 대상자도 가족도 웃게 될 것입니다. 만약 이야기하면서 힘들어하는 것 같으면 그것은 바라는 모습이 아닙니다. 마음속의 다른 바람을 찾아보도록 제안을 해야겠지요.

그럼 "또 옛날처럼 젊어지고 건강해지고 싶다." "치매가 나으면 좋을 텐데……." 라고 할 경우에 어떻게 할 수 있을까요? 이에 대해서는 "정말 젊어진다면 얼마나 좋을까요." "치매가 나으면 정말 좋겠네요."라고 진심으로 동의하는 것이 중요합니다. 그 후에 잠시 조용히 다음 대답을 기다릴 수 있을 것입니다. "그 외에 마음속에 바람이 있습니까?" 하고 말합니다. 안타까운 것, 포기해야 하는 것도 있습니다. 그렇다 해도 모든 바람을 다 버려야 하는 것은 아니기 때문입니다.

이렇게 모습을 정확히 떠올리게 되면 동기부여도 올라갑니다. 바람직한 모습을 마음에 그리는 것은 정말 힘든 작업이 될지도 모릅니다. 한 번으로 다 그리지 못할 수도 있고, 생각하는 것만으로 지쳐서 그 후의 상담은 다시는 하고 싶지 않다고 할 수도 있습니다. 그럴 때에는 무리해서 많은 정보를 얻으려 하지 말고, "바라는 모습이 실현될 수 있도록 도울 수 있게 해 주세요."라고 부탁한 후 일단 상담을 종료합시다. 오히려 상담을 몇 차례 거듭해 가는 것이 효과적인 지원으로 이어질 수 있습니다. 물론 가족이 적극적으로 상담에 응해 준다면 다음 단계까지 계속할 수 있습니다.

 포인트 39 **바라는 모습(상태)은 무엇인가?**

가족이나 대상자 자신의 말을 중요하게 생각한다.

- 목표에 대해 말을 하면 무엇을 할 것인가라는 수단이 화제가 되기 쉽다.
- 서비스 이용은 목표가 아니라 수단이다.
- 목표로서 상의하는 것은 도달하고 싶은 상태다.

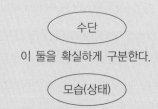

수단

이 둘을 확실하게 구분한다.

모습(상태)

(2) 작은 목표를 달성하기 위한 과제를 탐색한다

지금 어떤 모습을 원하는지 마음속의 바람을 알면 그 다음에 "그것을 이루기 위해 무엇을 하면 좋을까요?" "어떤 일이 일어날 필요가 있습니까?" 등 바람을 실현하기 위해 보다 작은 목표를 물어볼 수 있습니다. "그러면 그렇게 하기 위해서는?"이라는 물음을 반복함으로써 보다 작은 목표를 찾아갈 수 있습니다. 또한 바라고 있는 마음의 상태를 10점으로 한다면 현재는 몇 점까지 진행되었는지, 앞으로 1점을 높이기 위해서는 무엇이 필요한지, 그러기 위해서는 먼저 무엇을 할 수 있는지 등을 상의해 갈 수가 있습니다.

이렇게 함으로써 작은 목표의 도달 가능한 과제를 발견할 수 있습니다([그림5-4]). 여기서 말한 '할 수 있을 것 같은 일' '일단 일어나기를 바라는 것'의 실현을 위해 가족, 대상자가 여러 가지를 생각하기 시작합니다. 그리고 사회복지사도 여러 가지 아이디어가 떠오를 것입니다. 이렇게 정성과 시간을 들여가는 과정이 중요합니다. 경우에 따라서 '가능한 과제'가 일단 실현된다면 어떻게 될 것 같은지에 대해서도 이야기를 나눌 수 있습니다. 비관적인 생각이 강한 사람은 혼자서 생각하면 계속 불안감만 커져 갈 것입니다. 그럴 때 사회복지사는 다시 한 번 어떤 점이 불안한지, 그것을 어떻게 없앨 수 있는지, 잘 된다면 무엇을 기대할 수 있는

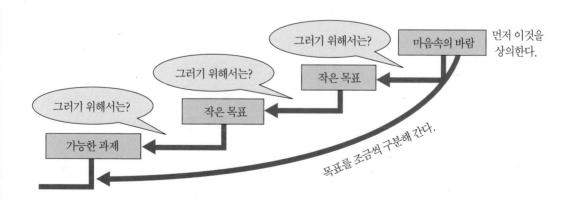

[그림 5-4] 작은 목표를 달성하기 위한 과제 탐색

지 등을 상의하는 것으로 '가능한 과제'를 실현시켜 가려는 의욕을 높일 수 있습니다.

4　안심만들기시트 면접의 진행방법

(1) 짧은 면접을 반복하며 원조관계를 돈독히 한다

　　지금까지의 설명에서 어느 정도 느꼈을 거라고 생각합니다만, 안심만들기시트 면접은 매우 폭넓은 정보를 다루게 됩니다. 따라서 치밀하게 대상자와 함께하려 한다면 한 번의 면접으로는 도저히 끝낼 수 없습니다. 각 부분에서 1시간 이상 걸릴 수도 있습니다. 그러므로 한 번의 면접에서 1장의 시트 내용을 모두 채울 필요는 없습니다. 사회복지사와 대상자의 관계성이나 그날의 대상자 상황에 맞게 적절히 나누어서 면접을 합니다. 또 시트 한 장에 전부 기록하지 못할 수도 있습니다. 다른 용지를 사용하는 등 편한 형태로 수정해도 상관없습니다.

　　세 부분으로 나누어 면접할 경우, 어떤 순서로 해도 상관없습니다. 각 부분은 문제가 생긴 적이 있는 가족 내에서 '안심할 수 있는 생활'을 생각하기 위한 기초적인 정보가 되므로 더 좋은 지원을 제공하기 위해서는 반드시 상의해 주었으면 하는 요소입니다. 하지만 이야기의 순서는 어떤 것이어도 상관없습니다. 문제에 대해 말하고 싶은, 혹은 우연히 문제에 대해서 말해 준 상황이라면 첫 번째의 '문제패턴과 예외 · 대처'의 대화를 진행시킬 수 있을 것입니다. 그러나 문제가 없다고 주장하여 원조관계를 만들기 어려운 사이라면 세 번째인 '바라는 모습'에 대한 상담을 진행하기 쉬울지도 모릅니다. 급하게 많은 것을 알려고 하기보다는 원조관계를 쌓으면서 조금씩 정보수집을 거듭해 가는 것이 중요합니다.

(2) 모델 · 시나리오에 의한 이해

그럼 모델 · 시나리오를 살펴봅시다. 조금 길기 때문에 〈자료 2〉에 게재했습니다. 이것은 앞에서 소개한 이세씨와 아들인 카즈오(一男)씨의 사례로서 타임시트 면접 중 문제행동에 대해 무의식적으로 고백했기 때문에 날을 바꾸어 새롭게 '안심만들기' 면접을 실시한 장면을 정리한 것입니다.

이 모델 · 시나리오는 역할놀이용으로 작성하였기 때문에 다소 이야기의 전개가 억지스러운 곳도 있습니다. 안심만들기시트 면접은 내용이 많기 때문에 이 모델 · 시나리오에서도 모든 측면을 부분적으로 다루는 관계로 전부 10분 정도로 되어 있습니다. 실제 면접에서는 10분은 결코 긴 면접이라 할 수 없지만, 역할놀이에서는 길다고 느껴질지도 모릅니다. 양해를 구하며 역할놀이를 해 봅시다.

① 시나리오 극본 맞추기

상담 · 신고 시 면접의 시나리오를 역할놀이한 것처럼 두 사람이 한 조가 되어 시행합니다. 먼저 서로의 역할을 정하고, 모델 · 시나리오를 읽어 대사를 맞추어 주세요. 문제 · 걱정거리의 패턴, '예외' '대처' 의 확인 방법, 가족의 역사 등에 대해 묻는 방법이 표현되어 있습니다.

시나리오의 도중에 가로선이 들어가 있는 곳에서 역할을 교대해 주세요. 여기서 장면이 전환되는 곳입니다. 실제로는 날짜를 바꾸어 새롭게 방문하는 경우가 많을지도 모릅니다. 조금 전에 설명한 대로 '한 번의 면접으로 모든 것을 전부 다 다룰 수 없다.' 는 것을 명심해 주시기 바랍니다.

② 기입의 예 1 – 걱정되는 일이 일어나기 쉬운 패턴과 예외와 대처

그럼 기입 예를 확인해 봅시다. 앞서 상의한 결과에서 패턴을 쓰고 그것에 대한 예외나 대처를 가로로 기입했습니다([그림 5-5]). 패턴이 분명하지는 않지만 대체로 상황은 보입니다. 상황이 보이면 그것이 어느 정도 반복이 되는지 집착하지 말고 예외와 대처를 듣는 것부터 시작해 주세요. 아직 거부적인 태도가 있을 수

안심만들기시트(기입 예)

이름 (이세씨와 카즈오씨)　　　　기입일　　년　　월　　일　　　기입자 (　　　)

〈걱정되는 일이 일어나기 쉬운 패턴과 예외와 대처〉

※ 배경·계기·걱정의 패턴을 적어 봅시다. 패턴이 발견되면 '예외'에 대해 이야기해 봅시다.

※ '예외'란 패턴과는 다른 일이 발생했을 때를 말합니다. 무엇이 도움이 될지 생각해 봅시다.

'예외'와 '대처'

밤중의 배설수발

⬇

궁시렁거리며 알 수 없는 말을 한다

추운 밤이면 더 그렇다

⬇

짜증이 난다

⬇

큰소리를 낸다

- 매일 밤 그런 것은 아님. 조용한 날도 있음
- 엊그제나 그 전날. 따뜻해지면 컨디션이 좋음. 반반 정도
- 대처가 어렵. '부모니까' 하며 자신을 다그침
- 대부분 항상 참음. 방법이 없음
- 요양보호사가 오면 외출은 가능하나 여유롭지는 않음
- 이웃집의 하다씨가 저녁 찬거리를 나눠 주서서 고마운 마음
- 저녁에 술을 마셔서 아침에 늦잠을 자면 피장파장이라고 생각함

> **포인트**
> 유형이 딱 맞아떨어지지 않아도 일의 순서를 메모하는 것만으로도 정리가 됩니다. 예외·대처가 중요합니다.

〈자원의 확인, 탐색〉

◎ 대상자와 수발하는 분이 어떻게 살아왔습니까?

◎ 대상자와 수발하는 분이 '양보할 수 없다.'고 생각하는 것, 중요하게 여기는 가치관, 존중하는 사람 등이 있습니까?

- 7년 전 수발을 위해 일을 그만뒀다. 영업직에 종사했다. 전국에 출장을 다녔지만, 어머니의 상태가 나빠져서 희망퇴직에 응했다. 경력이 아깝지만 그만뒀다.
- 가사나 수발도 일처럼 대처하며 임해 왔다.
- 아버지의 장례식 때 친척들로부터 시설 입소를 권유받았으나, 좋은 시설이 없다.
- 어머니가 집에서 살고 싶다고 하셔서 돌아가실 때까지 하겠다는 각오로 일을 그만두었다.

> **포인트**
> 카즈오씨 본인의 말투를 중요시하여 기입합니다. 과잉된 말투로 바꾸거나 고쳐쓰는 것은 바람직하지 않습니다.

- 둘이서 열심히 살아왔다고 자부한다. 요양보호사는 어머니가 하자는 대로 하지만, 자신과 있으면 어머니도 멀쩡하다.
- 쿠보타 내과에는 예전부터 다녔다. 이야기를 잘 들어준다.
- 신경정신과는 한 번 사회복지사로부터 소개를 받아 갔었으나 '바보취급 말라'는 생각이 들어 가지 않고 있다.
- 마지막까지 열심히 수발하고, 집에서 돌아가시게 하고 싶다는 각오
- 열심히 노력하는데 나아지지 않아 괴로움

> ■ 요양보호사보다 본인이 더 어머니를 잘 돌보고 있다고 생각하면
> 서도 서비스를 계속 이용하는 것, 또한 사회복지사 소개로 신경
> 정신과에 한 번 가는 등 혼자 고민하지 않고 다른 사람의 의견을
> 들으며 방법을 생각했음을 알 수 있음
>
> ┌─ 포인트 ─────────
> │ 카즈오씨가 말로 하지 않은 부
> │ 분도 덧붙여 써 넣을 수 있습
> │ 니다. 이것을 보여 주면 칭찬
> │ 효과도 기대할 수 있습니다.
> └─────────────────
>
> 〈바라고 있는 모습과 실현 가능할 것 같은 과제〉
> ◎ 대상자와 수발하는 분이 안심하고 있을 때는 어떤 것을 할 수 있을까요? 어떻게 보내고 있습
> 니까?
> ◎ 대상자와 수발하는 분이 안심하고 있을 때를 만들어 가기 위해서는, 그 상태에 가까워지기 위
> 해서는 무엇이 필요하다고 생각합니까? '병이 낫는다, 몸이 나아진다.'라는 대답이 나오면
> '그렇네요, 정말로. 그리고? 또?' 라고 물어봅시다.
> • 어머니가 다시 건강해지는 것. 옛날같이 건강하였으면 좋겠다.
> • 연세가 드시니까 못 하는 게 늘어나는 건 어쩔 수 없다고 생각
>   한다.
>
> ┌─ 포인트 ─────────
> │ 처음에는 비현실적이어도 괜
> │ 찮습니다. 받아들입시다.
> └─────────────────
>
> • 웃는 얼굴. 웃고 있는 시간. 이야기가 통하는 느낌 (카즈오씨 자신)
> • 온천에 간다. 밤에 느긋하게 장시간 목욕하는 것
> • 가끔은 밤에 술을 마시고 싶다.
>
> ┌─ 포인트 ─────────
> │ 바람직한 모습을 생각하는 것
> │ 자체가 어려운 사람에게는 바
> │ 람직한 모습을 찾은 시점에서
> │ 격려하고 칭찬하고 끝냅시다.
> │ 억지로 '가능할 것 같은 과제'
> │ 를 생각하게 할 필요는 없습
> │ 니다. 관계성과 부담을 고려하
> │ 며 신중히 진행합시다.
> └─────────────────
>
> • TV를 보면서 재미있다고 느꼈으면 한다(지금은 무엇을 보아
>   도 전혀 머리에 들어오지 않고 내용을 모르겠다).
> ■ 하나코씨 본인에게는 물어보지 않았음
>
> © AAA (안심만들기 · 안전탐색 · 어프로치연구회)

[그림 5-5] 안심만들기시트

있는 첫 번째 단계에서 '이 사람은 문제를 이야기하는데도 비난을 하지 않는구
나.'라고 가족이 느끼게 하는 것도 중요합니다. 그러나 문제의 이야기를 피하는
것이 아닙니다. 본인이 반성의 말을 할 수 있도록 차분히 어떻게 문제가 발생하였
는지, 반복되는지를 확인하는 것이 보다 중요합니다.

③ 기입의 예 2 – 자원의 확인 · 탐색

그럼 다음 부분으로 들어가겠습니다. 가족의 역사, 가치관, 자원에 대해 상의

하면서 지금까지 어떻게 살아왔는지, 어떠한 강점을 가지고 있는지가 보였을 것입니다. 기록은 가족과 공유하도록 가족의 말을 그대로 기록합니다. 단 자신의 강점을 찾지 못하고 말하지 못하는 가족도 많기 때문에 사회복지사가 발견한 점이 있으면 대상자나 가족의 말을 구분하고 펜의 색을 바꾸거나 항목별 표시를 구분하거나 하여 사회복지사가 깨달은 점도 추가할 수 있습니다. [그림 5-5]의 기입예에서는 '•'로 시작되는 항목은 가족의 말이며, '■'로 시작되는 항목은 사회복지사가 느낀 점입니다.

둘이서 열심히 서로 도와가며 살아왔기 때문에 시설은 절대 받아들이고 싶지 않고, 특히 예전에 제안을 받아 가게 된 병원에서 받은 상처로 인해 더 싫어졌을지도 모릅니다. 하지만 사회복지사의 제안을 받아 신경정신과에 간 것으로 보면 다른 사람의 이야기를 전혀 듣지 않는 것은 아닙니다. 단지 신경정신과는 거부감이 있을 수 있으므로 오히려 현재 신뢰하고 있는 쿠보타(久保田) 선생님 얘기라면 받아들여 줄 것이라고 예측할 수 있습니다.

④ 기입의 예 3 – 바라고 있는 모습(상태)과 실현 가능한 과제

그럼 마지막 부분을 확인해 봅시다. 카즈오씨는 하나코씨의 치매를 받아들이지 못하고 있으며, 원하는 이상적인 모습을 현실적으로 생각하는 것이 어려운 상태였습니다. 그래서 처음에 "어떤 일이 일어나면 좋을까요?"라고 물어보았습니다. 그러자 '어머니가 다시 건강해지는 것'이라고 하였습니다. 보기에 따라서는 대응할 수 없는 불가능한 현재의 상황에 대해 잘못된 인식을 말하고 있습니다.

이 단계에서 사회복지사가 주의할 점은 그 희망을 부정하지 않는 것입니다. "당신 생각은 틀렸습니다."라고 사회복지사가 대결하는 자세를 보이지 않도록 신중해야 합니다. 시나리오에서는 일단 부정하지 않고 받아들이고 있습니다. 그리고 그 이후의 이야기를 계속해서 경청해 가는 것이 중요합니다. '그렇게 함으로써 당신이 원하는 이상적인 모습은 어떻게 되는가?'를 자세하게 물어봅니다. 여기가 지원의 열쇠가 됩니다. 자기 자신이 어떻게 되면 좋을지를 먼저 확실히 듣는 것입니다. 가져서는 안 된다고 생각했던 마음속 깊은 바람을 우선 깨닫게 합니다. 이 단계가 어려운 사람이 많습니다. 처음에 바라는 모습을 물었을 때, 여기까지 들으면 충분합니다. 억지로 다음 단계까지 생각하게 할 필요는 없습니다. "그 바람을 함께 실현하는 방법을 생각합시다. 그것을 위해서 카즈오씨도 잠시 일상생활의 모습에서 무엇이 도움이 되는지, 어떤 일이 생기면 좋을지, 느낀 점이 있으면 또 알려주세요."라고 부탁하고 면접을 마칠 수 있습니다.

한편 해결중심접근법에서는 최초면접의 공식과제로서 '다음 면접 때까지 예외나 해결에 가까운 장면이 일어나는지를 관찰해 주시기 바랍니다. 그때에는 평소와 무엇이 다른지, 무엇이 도움이 되었는지, 관찰 후 느낀 점을 말해 주시기 바랍니다.'라고 제안하는 것을 권장하고 있습니다.

참고로 그 후 계속해서 카즈오씨 댁을 방문하여 조금이라도 좋았던 것이나 예외는 없는지, 무엇이 조금이라도 하나코씨를 건강하게 보내는 데 도움이 되었는지, 무엇이 카즈오씨가 안심할 수 있도록 하는 데 도움이 될 것인지에 대해 상의하였습니다. 카즈오씨도 상담을 한 후에 가끔은 편안하게 텔레비전을 보고 싶은 마음에 하나코씨를 일찍 잠자리에 들게 하고 스포츠 뉴스를 본 적이 있었다고 합니다. 그런데 그날 밤도 하나코씨의 배설수발을 해야 하기 때문에 텔레비전을 볼 수 없게 되어 지긋지긋하고 실망했다고 이야기하였습니다.

그래서 사회복지사가 "역시 밤중 배설수발은 정말 힘들어 보이네요. 비뇨기과의 상태도 마음에 걸립니다만…… 혹시 병원에 가보신 적은 있습니까?"라고 말하자, 그 이야기에 관심을 보여 비뇨기과 치료로 배설 조절에 효과가 있었던 예를 소개하며 "하나코씨에게도 도움이 될지 모르겠지만, 비뇨기과 진료를 받아보시겠습니까?"라고 전했습니다. 그러자 카즈오씨가 신경은 쓰인다고 이야기하면서도 모르는 병원에 가는 것을 다소 어려워하는 것 같았기 때문에 "다니고 계시는 내과의 쿠보타 선생에게 상의해 보는 것은 어떻습니까?"라고 제안해 보았습니다. 그러자 카즈오씨도 "그렇네요. 우선은 그렇게 할게요."라고 반응하였습니다.

이렇게 면접을 되풀이하면서 바로 다음 단계의 '가능한 과제'에 대해 상의하고, 변화를 촉진시켜 갈 수 있습니다.

(3) 부정적인 감정이 표출되었을 경우

안심만들기 면접을 하면서 주의 깊게 가족의 기분에 공감하며 칭찬을 계속 하다 보면 가족으로부터의 신뢰감이 쌓이는 경우가 많습니다. 그리고 신뢰하기 때문에 그동안 아무에게도 말할 수 없었던 부정적인 감정을 내뱉습니다. 특히 과거의 이야기는 위험합니다. 괴로운 기억이 상기되어 플래시백(flashback)까지는 가지 않아도 무심결에 그때의 감정이 이입되어 억누르고 있었던 괴로운 감정이 마치 지금 그 자리에 있는 것처럼 이야기하는 경우도 있습니다.

예를 들어, 불륜을 반복하는 남편에 대한 뿌리 깊은 불신의 말을 한 분이 있었습니다. 그녀는 남편에게 깊은 애정도 있어서 수발 생활 중에는 그 애정으로 불신 감정을 숨겨 왔습니다. 그런데 부모님 한 분을 보내고 여유가 조금 생기자 갑자기 흥분하며 상담자리에서 무심결에 "그런데 나쁜 사람이에요! 저런 사람은 용서할 수 없어요!"라고 이야기하는 중에 흥분해서 분노하는 소리를 쳤습니다.

사회복지사는 깜짝 놀랐습니다. 불륜을 했던 남편에 대한 분노라면 공감은 할 수 있겠지만 이러한 감정이 학대에 이어진다면 무심결에 "그래도 때리는 것은 안 되지요!"라고 하며 고압적인 태도로 소리치며 상대의 말을 누를 건가요? 아니면 깜짝 놀라 '그래서 이렇게 학대하는구나……'라고 위축되어 지원할 수 없게 되는지요? 학대가 반복되는 것 같은 사례에서는 이러한 어려움이 있습니다.

그럴 때는 우선 그 감정이 '사회복지사 자신에게 향해 있다.'고 착각하지 않도록 조심해야 합니다. 지금 앞에 있는 사람은 예전에 표출할 수 없었던 것을 지금 비로소 할 수 있게 된 것입니다. 이 사회복지사라면 들어 줄 것이다, 이 사람이라면 공감해 줄지도 모른다, 알아줄지 모른다는 작은 기대를 걸고 간신히 이야기했을지 모릅니다.

사회복지사도 숨을 내쉬면서 조용히 고개를 끄덕이는 것이 좋습니다. 이 사람은 이제야 자신의 고독감과 괴로움을 털어놓기 시작했으며, 아직 능숙한 표현은 아니지만 자신의 아픈 경험을 이야기해도 좋다고 생각해 주었던 것입니다.

포인트 40 부정적인 감정에 접했을 때

가족이 대상자에 대한 적의나 분노 또는 과거의 원조에 대한 불신이나 분노를 제시하면 사회복지사는 겁을 먹거나 몸이 굳어질지도 모릅니다.

– 조용히 깊은 숨을 내쉰다.

– 부정적인 감정은 괴로움이나 고독감의 표현

• 그러셨군요……. 솔직하게 마음을 표현해 주셔서 감사합니다.

• 그렇게 분명하게 자신의 기분을 말해 줌으로써, 저희도 어떻게 하면 좋을지 생각할 수 있는 자료가 됩니다. 또 말씀하지 못한 것이 있으면 언제든지 말씀해 주십시오.

– 대부분은 안심하여 분노가 누그러진다.

"그러셨군요……. 솔직하게 마음을 표현해 주셔서 감사합니다.

그렇게 분명하게 자신의 기분을 말해 줌으로써, 저희도 어떻게 하면 좋을지 생각할 수 있는 자료가 됩니다. 또 말씀하지 못한 것이 있으면 언제든지 말씀해 주십시오."

이렇게 이야기를 이어가도록 하면 대부분 분노는 누그러집니다. 분노가 잘 가라앉지 않은 사람에게는 호흡법을 소개하면 좋겠지요. 이완기법이나 명상법에 관한 서적도 많이 출판되고 있고, 인터넷으로 간단한 방법을 소개하고 있는 사이트도 많이 있습니다. 우선은 사회복지사 자신이 스스로 기분 좋은 이완기법을 익히고 이용자 가족에게도 소개할 수 있으면 좋을 것입니다. 그리고 가족이 이러한 감정에 어려움을 겪는다고 한다면, 심리치료를 권유해 보는 것도 좋겠지요.

(4) 안심만들기 면접의 의의

안심만들기 면접은 문제가 있기 때문에 보다 중요한 면접인 것입니다. 문제 상황에 대해 당사자와 상의할 수 있습니다. 대상자와 가족의 생각을 소중히 여기며 지원 계획을 생각하기 위한 기초가 됩니다. 대상자나 수발자도 일방적으로 누군가가 꾸짖는 것이 아니므로 다소 안심하고 이야기할 수 있습니다. 또한 문제와 냉정히 마주보며 '예외'와 '대처', 역사나 자원에 관한 얘기를 나누면서, 문제 그 자체가 아닌 바로 눈앞에 있는 사람, 가족을 보면서 지원할 수 있게 됩니다.

(5) 안심만들기 면접의 정리

마지막으로 안심만들기 면접의 정리입니다. 문제의 패턴을 분석하는 것은 개

 안심만들기 면접의 역할

안심만들기 면접의 의의

- 문제 상황에 대해서 대상자와 상의
- 대상자나 수발자의 생각을 소중히 여기며 지원계획을 고안해 가기 위한 기초가 된다.
- 대상자나 수발자도 누군가로부터 일방적으로 추궁당하는 것이 아니므로 다소 안심하고 이야기를 계속할 수 있다.

'안심만들기'에서 얻은 정보

- 문제의 패턴을 분석하는 것은 개입전략을 생각하는 재료가 되며 어디서 패턴을 바꿀 수 있는지의 아이디어가 떠오른다.
- 대상자나 수발자가 소중하게 생각하는 가치관이나 자원에서 어떠한 원조상의 배려가 필요한지, 어떠한 정보의 확인이 필요한지 등이 떠오른다.
- 신뢰하는 사람이나 전문가의 정보에서 누구로부터, 무엇을, 어떻게 설득하면 좋은지의 힌트를 얻을 수 있다.
- 미래의 바람직한 모습을 현실적으로 얘기하는 것은 관계하는 모든 사람들의 동기 부여를 높이고 단순히 서비스를 밀어붙이는 것이 아니라 제대로 된 지원으로 연결된다.

▶ '대상자의 입장'을 구체적으로 생각한다.

입전략을 생각하는 소재가 됩니다. 어디에서 패턴을 바꿀 수 있는지 아이디어가 생겨납니다.

대상자나 수발자가 중요시하고 있는 가치관이나 자원에서 어떠한 원조가 필요한지? 어떠한 정보의 확인이 필요한지 등이 떠오릅니다. 또한 신뢰하고 있는 사람이나 사회복지사의 정보에서 누구에게 무엇을 어떻게 설득하면 좋을지 힌트가 떠오릅니다. 그리고 미래의 바람직한 모습을 사실적으로 이야기하는 것은 관련된 사람들 모두의 동기를 높이고 단순히 서비스의 강요가 아닌 지원으로 연결됩니다.

이러한 요소로 이용자 중심의 지원을 구체적으로 생각할 수 있게 됩니다. 덧붙여서 안심만들기 면접을 실시하다 보면, 노인학대 사례도 '아무것도 할 수 없다.'고 생각하는 것이 아니라, '가능한 일은 있다.'는 생각이 들게끔 한다는 것을 알 수 있습니다. 꼭 여러 가지 방법으로 다양하게 활용해 주시기 바랍니다.

5 안심만들기 면접의 역할놀이

(1) 역할놀이의 장면설정

다시 짝을 지어 연습을 해 보겠습니다. 한 사람이 사회복지사 역할을, 다른 한 사람이 상담을 받는 역할을 합니다. '최근에 있었던 좀 힘이 빠져 버리는 자신의 실패'가 주제입니다. '넋을 놓고 있다가 소금을 너무 많이 넣어 음식을 먹을 수 없었다.' '냉장고 안쪽에 넣어둔 야채를 부패시키고 말았다.' '이용자에 대한 말버릇이 좋지 않아 오히려 사죄하고 말았다.' 등 매우 많을 것이라고 생각합니다.

그리고 안심만들기시트 면접은 '문제가 있다고 말해 준 사람'에 대해 건설적인 방법으로 이야기를 해 가는 것이기 때문에 역할놀이에서도 '문젯거리'가 필요합니다. 여기서는 상담을 받는 쪽에서 '문젯거리'를 자신의 일로 생각해 주기 바랍니다. 그렇게 하는 것이 안심만들기시트에 담긴 의도를 더욱 실감할 수 있기 때문입니다.

그럼 역할놀이를 하기 위해 실제로 어려운 일과 문젯거리에 대해 되짚어 보십시오. 단, 처음이라 어려울 수 있으니 정말 어려운 사건은 사용하지 마십시오. 가벼운 것이 좋습니다. 대수롭지 않고 가벼우나 역시 실망했던 일, 무심결에 했던 실패, 대수롭지 않은 일이었지만 되돌아보면 "아아……"라고 생각되는 정도입니다. 나중에 문제를 깔끔히 정리했기 때문에 질질 끌려가는 것은 아니지만 역시 자기 자신에게 실망했던 점이나 대수롭지 않은 실패들 중에서 하나를 '어려운 일'로 제시해 주십시오.

역할놀이를 할 때는 연습용으로 세 개의 파트를 부분적으로 하고 난 후에 마지막으로 정리하는 것으로 구성하고 있습니다. 그러나 한 부분 한 부분을 자세하게 연습할 수도 있습니다. 그 경우에는 각 부분의 연습을 한 후에 반드시 '정리'를 해 주세요. '정리'의 연습은 다음의 역할놀이 순서 ④에서 다루고 있습니다.

(2) 역할놀이의 순서

① 문제의 패턴과 예외

사회복지사는 먼저 문제에 대해 질문합니다. 장황하게 물어볼 필요는 없습니다. 어떤 실망한 일이 있었는가? 언제, 어디에서, 어떠한 상황에, 누구와, 무엇을 했는가를 묻습니다. "그 전에는 어떤 것이 있었습니까?" "그리고?" 등 사건의 연속성을 물어보면 확실한 모양이 되지 않아도 화살표로 표시할 수 있는 패턴이 보입니다. 단, 여기서는 패턴에 집착할 필요는 없습니다.

그런데 문제가 있으면 다음은 '예외'나 '대처'에 대해 묻습니다. 처음에 예외에 대해 들어봅시다. "항상 그렇습니까? 안 그럴 때는 있습니까?" 등 시간을 바꿔봅시다. 시간뿐만 아니라 장소나 관계자, 기타 상황을 바꿔서 예외가 있는지 확인해 봅시다.

문제의 패턴과 예외, 대처

'최근 어떠한 실망한 사건, 경험이 있었습니까?'라고 묻습니다. 그리고 예외, 대처에 대해 깊이 있게 질문해 갑니다.

• 먼저 어떠한 실망스러운 경험을 했는지 질문합시다.

• 언제나 그런 경험을 하는지요? 그렇지 않을 때도 있습니까? 언제입니까?

• 예외: 그렇지 않을 때는 어떠한 노력을 하고 있습니까? 무엇이 도움이 되고 있습니까? 그리고? 그 밖에는?

• 대처: 실패에 어떻게 대처했습니까? 어떻게 그것이 가능하였는지요?

'예외'를 찾았다면 예외를 만들어 내는 자원에 초점을 맞춥니다. "실패하지 않았을 때는 어떤 생각을 하십니까?" "어떤 것이 도움이 됩니까?" "다른 것은?" "그 외에는?" "도와주는 사람은 있습니까?" 등 본인의 노력과 생각, 주위 사람의 지원에 관해 물어봅시다. 주위 사람이 도와준다고 말한다면 "그렇다면 그 사람이 당신을 왜 도와줄까요? 어떤 것이 도움이 되었습니까?"라고 본인의 노력과 생각, 평소에 관련된 사람에게 주의를 기울일 수 있습니다. 주변의 자원도 중요하지만 자신감을 잃어버린 사람에게 필요한 것은 자신의 자원을 찾는 것이기 때문입니다.

그리고 '예외'뿐만 아니라 '대처'에 대해서도 물어봅시다. '예외'보다 '대처'를 묻는 것에 대해 대답하기 쉬워하는 분도 있습니다. "낙담한 실패에 어떻게 대처했습니까? 실수를 되찾기 위해 어떤 지원을 했습니까? 또 실패를 거듭하지 않도록 어떤 생각을 하고 있습니까?" 대처방법을 찾으면 '예외'와 같이 그것을 만드는 자원을 찾는 질문을 합니다.

연습시간은 약 5분 정도입니다. 도중에 역할을 교대해도 상관없지만, 한 번 연습이 끝난 후 역할 교대를 하는 것을 권장합니다.

② 자원의 확인 · 탐색

다음은 자원의 확인 · 탐색에 대해서 질문하는 부분입니다. 여기서는 실망했던 경험을 테마로 하여 지금까지 삶 속에서의 자원을 확인해 갑니다. 실패담의 소재에 맞추는 것이 좋을 것입니다. 일에 대한 이야기라면 예를 들어 지금 취업하고 몇 년째인가, 어떤 것을 열심히 해 왔는가, 가족에 대한 이야기라면 결혼해서 몇 년째인가, 아이가 태어난 지 몇 년인가, 그 외에 어떻게 살아왔는지, 무엇이 소중한지, 서로 어떤 마음을 가지고 있는지 등을 이야기해 보세요. 최소한 5분, 경우에 따라서는 10분은 필요합니다.

다음으로 현재의 수평적인 관계에 초점을 맞추어 봅시다. 그 실패가 있었을 때 고맙다고 생각되는 사람은 누구입니까, 최근 어떤 때 고맙다고 하였습니까, 그 외에도 지지해 주고, 도와주거나 함께 있어 주어서 좋았다고 생각되는 사람은 누구입니까 등을 질문할 수 있습니다. 이어서 "그래서, 어떤 사람입니까?"라고 이야기를 넓혀 봅시다. 여기서도 최소한 5분에서 10분 정도는 필요합니다.

어려웠을 때의 이야기를 할 때는 "힘드셨겠네요, 정말 노력해 오셨군요."라고 맞장구를 치고, 좋았었던 이야기나 절실한 이야기는 같이 절실히 이야기하는 것이 중요합니다. 상대의 역사나 가치관을 존중하면서 거기에 존재하는 자원에 주목해 주세요. 자원에 대해 이야기할 때는 함께 기뻐하고 칭찬하면서 질문하는 것

 연습 8 **자원의 확인 · 탐색**

실망했던 경험에 맞추어 지금까지의 역사나 현재에 연결되는 자원을 탐색합니다.

• 수직관계의 역사나 가치관, 수평적인 관계로서의 자원

• 역사나 가치관을 질문합니다.

(일관계라면) 일을 시작한 지 몇 년 되었습니까? 어떠한 시간이었습니까?

(가족관계라면) 결혼해서 몇 년 되었습니까? 어떤 생활을 보냈습니까?

어떻게 일을 했고 가족과는 어떻게 살아오셨습니까? 무엇을 소중히 생각하고 살아왔습니까?

• 지금, 현재의 관계 속에 있는 자원을 질문합니다.

지지해 주고, 함께 있어 주어서 감사하다고 생각되는 사람은 누구입니까? 최근 감사하다고 말한 것은? 그 밖의 친구는? 취미는?

이 중요합니다.

③ 바람직한 모습(상태)은 무엇인가

다음은 '바람직한 모습'을 질문하는 부분입니다. "똑같은 상황이 벌어진다면 어떻게 되면 좋겠습니까? 어떻게 행동하시겠습니까? 어떻게 ○○해 주시겠습니까?"와 어떠한 상태라면 좋다고 생각하는지 이야기를 해 봅시다. 그리고 그 이미지를 공유할 수 있다면 "그것을 위해 무엇을 할 수 있습니까? 무엇을 위해?"라고 이야기해 갑니다.

"제가 ○○해야 하는 거네요."라고 이야기가 나오면 "그렇지요. 그렇게 되면 어떤 모습이 됩니까?"라고 방법이 아닌 '모습'에 초점을 맞춥니다. "그렇게 한다면 어떻게 됩니까?"라고 연이어 묻습니다.

해결중심접근법의 소개 부분에도 언급하였지만, 여기서는 당신이 영화감독이 되었다는 가정하에 그 '바람직한 모습'에 재연 영상을 찍을 정도로 사실적으로 이야기를 묻는 것입니다. 자세하게 이야기를 묻습니다. "당신이 ○○라고 말하면, 아이들은 어떻게 반응합니까? 그렇다면 당신은……?" 등 장면의 교환에 주목하는 것도 중요합니다.

4컷 만화와 같이 테두리를 그리거나, 막대인형을 작성하고, 대사가 드러나도록 써 넣는 방법도 좋을 것입니다.

 바람직한 모습(상태)에 관한 상의

연습 9

'똑같은 상황이 된다면 어떤 모습이었으면 좋겠습니까? 같은 상황이 될 것 같은 때 실망스러운 경험 대신에 어떠한 경험을 하면 좋을까요?'라고 질문해 주세요.

• '내가 ○○해야 하는 거네요.'라는 답이 나오면 '그렇지요. 그렇게 되면 어떤 모습이 됩니까?'라고 수단이나 방법이 아니라 모습(상태)에 초점을 맞추어 주세요.

• 모습에 대한 이야기는 '그렇게 하면 어떻게 되는지요?'라고 계속 물어봐 주세요.

④ 대화의 마지막 정리

대화를 하면 반드시 요약정리를 합니다. 어떤 이야기였는지 사회복지사가 요약을 해야 합니다. 실망스러운 체험은 어떤 것이었는지, 그것에 대해 어떠한 예외나 대처가 있었는지, 그 예외나 대처에는 본인의 어떠한 자원, 노력이나 창의, 꿈, 능력, 자질 등이 보였는지. 또한 누가 어떻게 지지해 주었는지, 지지해 준 것은 본인의 어떠한 부분에 관련이 있었는지, 더 나아가 어떠한 상태를 바라고 있는지, 그러기 위해서는 먼저 무엇이 일어나기를 원하는지 등 새로운 표현과 그럴 듯한 말로 할 필요는 없습니다. 우직하게 대화한 말 그대로 반복해서 돌려주는 것이 좋습니다. 그리고 마지막으로 사회복지사가 느낀 점을 말합니다. 상대에게 존경의 마음을 전해 주세요.

일련의 연습이 끝난 후에는 반드시 작업에 대해서 어떤 것을 느꼈는지 되돌아봅시다.

 안심만들기 면접 정리의 연습

어떤 이야기를 들었는지 요약합시다.

- 곤란한 일
- 그것에 대한 대처
- 예외와 그것을 이끌어 내는 창의
- 지지해 주는 네트워크
- 어떠한 상태가 되면 바람직한가?

경청자의 느낀 점을 전하고 격려합시다.

- 지금 당신이 하고 있는 노력을 그대로 중요하게 지속해 주세요.

제6장

사례회의의 진행방식

안심만들기 · 안전탐색 · 어프로치연구회(AAA)의 사고방식을
사례회의에 활용해 봅시다.

1 다직종 팀의 사례회의

(1) 실천에 도움이 되는 사례회의

사례회의는 실천에 도움이 되도록 시행합시다. 그렇게 하기 위해서는 다음의 네 가지가 중요합니다.

① 가능한 한 많은 관계자가 모일 것
② '상의하달'의 장이 되지 않도록 참가자 전원이 의식하고 있을 것
③ 그렇게 하기 위해서 사례회의의 '목적'을 공유하고 있을 것
④ 참가자 전원이 참가한 것이 '자신에게 도움이 되었다.'라고 생각하도록 할 것

그럼 잘 진행되지 않는 회의란 어떤 것일까요? 다음의 네 가지를 들 수 있습니다.

첫째, 목적이 불명료하고, 무엇을 위한 회의인지 잘 모른 채 '정보교환' '대면'만으로 끝나는 것입니다. 이것이 가장 큰 피로감이 됩니다.

둘째, 사전준비로 누군가 한 명에게 부담이 되거나 또한 사례를 제시한 사람이 왈가왈부 논하는 회의가 되어 버릴 때입니다. 이것은 때로는 도움이 되는 경우도 있지만, 대부분은 사회복지사의 소진을 늘리는 결과가 될 것이 확실합니다.

셋째, 주로 행정으로부터의 일방적인 상의하달의 장이 되어 참가자는 단지 '받아들이는' 것만으로 되어 버리는 것입니다. 이것도 당연히 피로감이 크지요.

넷째, 전문성이나 입장 차이를 서로 비판하고 상호 간의 몰이해를 재확인하고 끝나 버리는 것입니다. 이것은 상호 간의 주장이 부딪치면 이것이 주요 문제가 되어 원래 '무엇을 위해 모였는가?'를 잊어버리고 있는 경우에 발생하기 쉽습니다.

적절치 못하고 안타까운 이야기입니다.

(2) AAA에 의한 사례회의의 핵심

AAA에서는 회의를 순조롭게 진행시키기 위한 핵심을 다음과 같이 생각하고 있습니다.

① 사례회의란 '사례대응'을 위해 '함께' 생각하기 위한 회의이며, '대상자·수발자가 동석하고 있다면 어떨 것인가?' 라고 하는 것을 항상 의식해야 합니다. 가능하면 대상자에게 동석해 주기를 바라고 있습니다. 대상자나 수발자가 동석하여도 같은 방식으로 진행된다는 것을 의식하며 회의를 진행합니다.

② 진행자는 의사(議事)를 처리하듯 진행하는 것이 아니라 전체 참가자로부터 생각을 끌어내고, 동시에 전체의견을 긍정적으로 모아가는 것, '강점 찾기' 라는 사회복지사의 역할을 잊지 않도록 해야 합니다.

③ 사전준비 부담이나 검토 결과의 실행이 누군가 한 사람에게 치우치지 않도록 합니다. 누군가가 소진하면 팀으로서 잘 기능하지 않게 됩니다.

사례회의의 포인트

- 사례의 관리를 함께 생각하기 위한 회의이고, 대상자·수발자가 동석하고 있다고 항상 생각할 것
- 진행자는 '의사(議事)를 진행하는 것' 이 아니라 '전체 참가자로부터' 생각을 끌어내고 또한 '전체 의견을 긍정적으로' 생각해 가는 것
- 사전준비 부담이나 검토 결과의 관리가 누군가 한 사람에게 치우치지 않도록 할 것
- 처음부터 '잘 진행되는 방법'을 찾지 않을 것. 작은 단계부터 전원이 공유하고, 그 의미를 생각할 것

④ 처음부터 '잘 진행되는 방법'을 찾지 않습니다. 작은 단계부터 전원이 공유하고, 그 의미를 생각합니다. '올바른 방법'이 아닌 '그 당시 가능한 최선의 노력'을 생각합시다.

회의를 잘 진행하기 위해서 화이트보드, 큰 종이, 스티커를 사용하여 생각을 기술하고, 그것을 참가자 전원이 공유해 나가는 과정을 중요하게 여겨 주기를 바랍니다([그림 6-1]). '모두 함께 메모를 보는' 형식을 추천합니다. 판서나 메모를 활용하면 다음과 같은 장점이 있습니다.

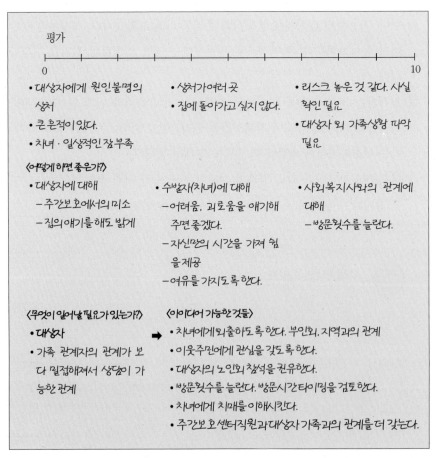

[그림 6-1] 사례회의의 실제

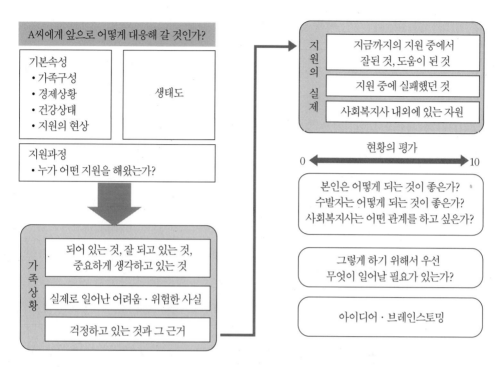

ⓒ AAA (안심만들기 · 안전탐색 · 어프로치연구회)

[그림 6-2] 사례회의 양식

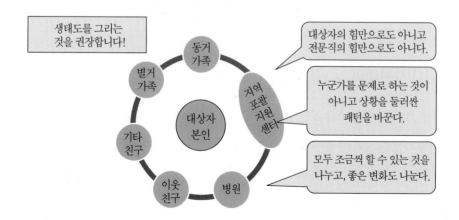

[그림 6-3] 네트워크로 비춰 본 모형도

① 시선이 '개인'에게 집중되는 장이라고 하면 시선의 압력에 의해 상하관계가 생기기 쉬워집니다.

② 그 장소에서 직접 메모를 하게 되면 사전준비도 간단히 끝납니다.

화이트보드나 스티커를 사용한 토론방법은 회의 참가자의 적극성을 끌어 내고, 새로운 무엇인가를 창조해 가는 것을 가능하게 하여, 비즈니스나 교육 분야에서 주목을 받고 있습니다. 복지 영역에서도 적극적으로 도입해 가도록 합시다. 최종적으로는 [그림 6-2]와 같은 양식의 흐름에 따라 판서하는 것을 지향합니다. 이렇게 판서하기 위해 어떻게 이야기를 촉진시키는지에 관해서는 다음 절에서 설명하겠습니다. 사례회의는 참가자 전원의 머릿속에 [그림 6-3]에 제시하듯이 '대상자나 가족을 네트워크로 파악한다.'는 의식을 가지는 것이 중요합니다. 대상자만의 힘으로도 가족만의 힘으로도 전문직만의 힘도 아닌 상황에 변화가 생기고 관계자 모두가 가능한 것을 찾아 나누고 좋은 변화도 서로 나눌 수 있도록 생각해 갑시다.

2 AAA식 사례회의 진행방식

(1) 사전준비

그러면 [그림 6-2]의 흐름에 따라 사례회의를 진행하기 위하여 순서에 따라 설명해 가겠습니다. 우선, 사전준비가 필요합니다. 실제로 사례회의를 시작하기 전에 다음 사항을 확인해 주시기 바랍니다.

① 이번 회의는 누구를 대상(참가자)으로 할 것인가. 통상의 사례회의인가, 당사자를 포함한 확대회의 형식인가

참가자의 범위에 따라, 공유하는 정보나 취급에 주의를 필요로 하는 정보가 있기도 합니다. 그것들의 정보 공유 방법과 관리에 대하여 개시 전 미리 검토해 둡시다. 비밀을 유지해야 할 정보가 있는지 없는지도 확인합시다.

② 지원과정 중에서 어떤 자리매김 · 목적을 가지고 행해지는 것인가

누가 모이고, 무엇을 위한 회의인지 이미 기술하였지만, 상의하달의 장이 되지 않도록, 전체 참가자가 각각의 지원 가운데 회의에서 논의된 결과로 도움을 받을 수 있도록 의식합시다.

③ 장소, 시간, 도구의 준비는 적절한가

회의장소의 물리적 환경은 회의의 질에 영향을 미칩니다. 가능한 한 조용한 방에서 실시합시다. 또한 필요한 시간을 확보하고, 전원이 기록을 읽을 수 있는 크기의 화이트보드나 모조지 등을 준비해 두면 좋을 것입니다.

연수 장면에서는 이세씨의 사례를 사용하여 안심만들기 면접까지 끝났다고 하는 설정을 가지고 그룹워크 형식으로 역할놀이를 해 봅시다. 각 그룹의 인원수에 맞게 지역포괄지원센터 사회복지사 역할, 요양보호사 역할, 이세씨 역할 등 적절히 배정해 주십시오. 그 역할에 몰입하여 다음의 작업에 착수합시다. 또한 진행자의 역할을 하는 지역포괄지원센터의 사회복지사가 기록을 겸해 주십시오.

회의 장면에서는 진행자가 의사를 진행하면서 참석한 모든 사람 앞에서 기록을 해 갑니다. 각각의 칸에 대하여 참가자 전원이 발언을 하도록 유도하면서 화이트보드 등에 써내려 갑니다. 진행자는 기록을 다 한 후 '이것으로 좋습니까?' 하고, 전원에게 기록을 확실하게 읽고 확인하도록 하고, 필요에 따라서는 정정합니다. 때때로 화제가 가열되면 진행자가 기록을 완성하지 못하는 경우도 있습니다. 참가자는 진행자의 상황을 잘 보고 진행자가 기록의 어려움을 겪고 있을 경우에

는 의논을 중단하고 어떻게 기록하면 좋은지 가르쳐 주십시오.

또는 시간이 한정적일 경우에는 전원에게 쪽지와 매직을 나누어 주고, 각각 정해진 시간 내에 생각나는 것을 메모지에 써 넣고, 소정의 칸에 붙이도록 하는 방법도 좋을 것입니다. 그 경우에 진행자가 최종적으로 정리합니다.

(2) 기본속성과 지원경과

기본속성과 지원경과의 개요를 정리하겠습니다. 먼저, 기본속성을 공유합시다. 여기서는 개괄적이어도 상관없습니다. 가계도와 생태도를 이야기해 봅시다. 사회복지사와 관계자가 대상자나 가족을 본 느낌 그대로 그 사람이 되어, 양자의 관계성 등에 대해 이야기하면서 메모에 기입하여 갑니다([그림 6-4] 기본속성). 또한, 지금까지의 지원경과의 개요를 기록합니다. 개요만으로 충분하며, 이것 역시 참가자 전원이 확인해 가면서 써내려 갑니다([그림 6-4] 지원경과). 그럼 이세씨의 예를 살펴봅시다([그림 6-4]). 이 사례에서는 '관계자가 본 느낌'이 없습니다만, 실제로 담당 사례자와 만난 적이 없는 사람이 그 자리에 있다면 '본 느낌'도 잊지 않고 공유합시다. 왜 이미지가 필요한지 예를 들어 봅시다. '폭언을 내뱉는 아들'이라고 듣고서, 아직 만난 적이 없는 참가자가 마음대로 머릿속에 우락부락한 큰 두려움의 남성을 상상하고 있을지도 모릅니다. 그런 전제하에, 회의를 진행하고 있었지만, 실제는 언행이 매우 친절한 겸손한 분이었다고 합니다. 이렇듯 참가자 각각이 '이미지와 실상의 차이'가 발생하여 문제의 심각성을 오인해 버리는 일이 일어납니다('생각했던 것보다 좋은 분이었다.'라는 인상에 이끌려 버리기 때문). 회의 때부터 이미지를 실상에 가깝게 할 궁리를 해 주세요. 사람의 모습뿐만이 아니라 가정의 모습도 가능한 한 구체적으로 들을 수 있으면 좋을 것입니다. 지원경과는 얼마든지 들을 수 있지만, 이 단계에서는 경과 변천의 계기가 된 시점을 중심으로 전원이 공유하는 정도에서 끝내 주십시오.

기본속성	• 장기요양등급 · 고혈압도 있으며 쿠보타 내과에 통원 중
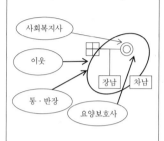	• 7년 동안 장남이 재가보호. 수발을 위해 직장을 그만두었다. • 장남의 예금 및 어머니의 연금으로 생계유지 • 7년 전 아버지 사망 • 차남은 동거하지 않고, 거의 집에도 오지 않는 듯하다. • 장남은 성실하고, 담당 사회복지사에 대해서는 정중하다. • 장남은 요양보호사에게 정중한 태도를 취하지만, 때때로 위압적인 어조로 지시를 해올 때가 있다. • 통 · 반장이 우연히 이웃이고, 원래 이웃 간에 왕래하고 있어서 교제는 오래되었다.

지원경과
• 아버지가 병으로 사망하고, 장기요양등급 신청을 한 것이 7년 전. 어머니께서 집안일을 담당하시기 때문에 처음에는 장보기 등을 중심으로 지원했다.
• 장남이 일을 그만두고, 집에서 수발에 전념하게 되었다. 당시는 아직 건강도 좋았다.
• 어머니에게 치매증상이 보여서 장남도 어려워하고 있는 것 같아 사회복지사로부터 치매 외래 진찰을 추천받아 한 번은 진찰했지만, 어머니가 검사에 대해 계속 푸념을 늘어놓아서 장남도 불신감을 갖게 되어 진찰을 계속하고 있지는 않다.
• 현재는 요양보호사가 주 1일 온다.
• ○월 ×일, 근처의 나카노씨로부터 상담전화가 있었다. 근처에서 화난 소리가 들려 주변을 살피니 정원에 나와 있던 어머니가 변 실금을 해버려 아들이 울부짖는 어머니의 손을 끌듯이 집에 데리고 갔다는 것이다.
• ○월 ×일, 담당 사회복지사에게 사정을 확인. 가족생각을 열성적으로 하는 장남이지만, 고함을 지르거나 자극을 받아 화를 낸다고 요양보호사들이 얘기했다고 한다.
• ○월 ×일, 담당 사회복지사에게 사전에 소개를 받고, 지역포괄지원센터 담당자가 가정방문하고, 그 후에 생활모습을 여러 번 들었다.

이세씨 댁이 잘 돌아가고 있는 것
• 카즈오씨가 어머니를 생각해서, 어머니를 위한 부드러운 음식을 만드는 등 실천하고 있다.
• 카즈오씨는 어머니가 좋아지는 것을 진심으로 바라고 이를 위해 여러 가지 궁리를 하고 있다.
• 카즈오씨가 어머니를 쿠보타 내과에서 정기적으로 진찰받게 하고 있고 자신도 주치의와는 이야기하기가 쉽다고 생각하고 있다.
• 방문요양서비스를 잘 이용하고 있다.
• 진(秦)씨로부터의 제의를 받아들이고 있다.
• 가정방문에 대해 처음에는 경계하는 기색이었지만 점점 이야기에 응해 주게 되었다.
• 어머니에 대해 초조해 하거나 소리를 지르고 싶지 않다고 생각하고 있다. 평상시에는 참을 수 있다고 말하고 있다.
• 다정한 어머니의 상태가 좋으면 모두 평온하게 지낼 수 있다.

이세씨 댁에서 실제로 있었던 사실
- 하나코씨에 대해서 초조해하거나 고함쳐 버린 적이 있다.
- 하나코씨의 손을 잡고, 잡아끌 듯한 태도로 집에 데리고 왔다(카즈오씨와 하나코씨에게는 미확인).

이세씨 댁의 걱정스러운 일
- 가장 바쁜 시간대를 완화시킬 수 있는 서비스가 없다. 요구와 지원이 불일치하다.
- 힘듦, 괴로움, 증상의 악화에 의해 궁지에 몰리면 점점 폭언이 증가한다.

지금까지의 지원으로 잘된 것 · 도움이 된 것
- 요양보호사를 계속 이용하고 있다.
- 지역포괄지원센터의 방문을 거부하지 않았다.
- "힘들지요, 노력해 오셨네요, 어머니의 마음이군요."라고 말하자, 태도가 누그러졌다.
- "어머니께 고함치고 싶지 않지요?"라고 확인하자 동의해 주었다.

지금까지의 지원으로 실패했다고 생각하는 것
- 치매 외래진료를 진행했는데 결과적으로 통원거부가 되어 버린 것 ⇒ 이전에는 결과적으로는 그랬지만 사회복지사가 열심히 권한 서비스는 받아들인 것은 아닌지?
- 치매의 이해를 촉구하고 있지만 치매라고 하는 말 자체에 대해서 조금 듣지 않으려는 경향이 있다.
- 사회복지사가 어머니에 대해 좀 더 따뜻하게 지켜봐 주는 것이 좋겠다고 제안하자 불복하는 느낌이었다.
- 요양보호사가 어머니에게 상냥하게 대하고 있으면, 때때로 화를 낸다.

사회복지사 측의 자원
- 요양보호사와 어머니는 비교적 좋은 관계가 형성되어 있다. 요양보호사와 있을 때에는 변 실금 등을 한 적도 없다.
- 사회복지사는 장남과 비교적 길게 이야기할 수 있으며, 장남의 기분도 잘 이해하고 있다.
- 상황을 어떻게든 해결해 보고 싶다고 모두 생각하고 있다.
- 쿠보타 내과 원장의 협력은 가능하다.
- 배설수발이 빈번하지만, 상담 가능할 것 같은 비뇨기과가 있다.
- 회의에 모두 와 주었다.

현재의 평가

0점 ◀──────────────────────────────▶ 10점
　　요양보호사　　　　지역포괄지원센터　　　사회복지사

어떻게 하면 좋을지?
- 하나코씨: 두려워하지 말고 평온하게 보낼 수 있으면, 장남과 자택에서 살고 싶지만 무섭다고 말하고 있다.

> • 카즈오씨: 가끔은 저녁 시간, 차분하게 장시간 목욕을 하며 보내고 즐거움을 맛 볼 수 있는 시간을 가질 수 있다.
> • 요양보호사: 하나코씨뿐만 아니라 카즈오씨에 대해서도 격려의 말을 걸어 본다.
> • 사회복지사: 요양보호의 재검토를 권장한다. 바쁜 상황을 완화할 수 있는 계획으로 상의한다.
> • 지역포괄지원센터: 카즈오씨 자신도 지역에서 안심할 수 있는 네트워크를 만들고 싶어 한다.
>
> **그러기 위해서 어떤 일이 일어날 필요가 있는가? / 아이디어 모집**
> • 사회복지사가 가정방문하여 카즈오씨와 요양보호계획의 재검토에 대해 토론한다.
> • 지역포괄지원센터에서 카즈오씨가 참가할 수 있을 만한 남자 수발자 모임 등의 이벤트 정보 문서를 전달해 본다.
> • 남성의 경우 요리 등의 어려움을 느끼고 있는 사람이 많기 때문에, 주간보호와 함께 남자 수발자를 위한 요리교실을 소개하는 방법을 도입하기 쉬울지도 모른다.
> • 요양보호사로부터도 산책 동행 이외의 가능한 서비스를 받을 수 있다는 것을 전달한다.

[그림 6-4] 이세씨 가족의 향후대응에 대해서

(3) 가족의 상황

다음은 가족의 상황을 정리해 봅시다. 상황은 크게 ① 강점, 힘, ② 문제의 사실, ③ 예상되는 위험과 그 근거, 세 가지로 나누어 정리할 수 있습니다.

① 되어 있는 것, 잘 되고 있는 것, 노력하고 있는 것 등 〈강점, 힘〉

'안전탐색시트'([그림 3-5])의 체크내용 및 '타임시트'([그림 4-5]), '안심만들기시트'([그림 5-5])의 면접에서 밝혀진, 가족 안에서 일어나고 있는 '나쁘지 않은 것, 앞으로도 계속되면 좋은 일'은 전부 여기에 기록해 주세요.

② 실제로 일어난 어려움, 문제 〈문제의 사실〉

여기서는 확인된 사건에 대해 논의하십시오. '위험리스크확인시트'([그림 3-4])의 '위험상황'에 해당되는 부분입니다. 특히 가족 동석의 경우에는 이 주제의 취급이 예민하게 될지도 모릅니다. 그러나 이곳은 우연하게 발생한 사건을 명확하게 이야기할 수 있는 표현을 모색해서 진행해 갑시다. '아들이 어머니의 머리를 때려 어머니가 큰 부상을 입었다.'라는 표현이 받아들여질 수 있도록 하는 것이 중요합니다.

다만, 이 작업을 실행하는 도중에 입씨름이 오가게 되고, 오히려 가족이 거부하는 태도를 갖게 된다면, '머리에 상처를 입어 구급차에 실려 갔다.' 등의 표현을 생각해 봅시다. 실제로 있었던 사실을 표현하고, 또한 가족이 부정하기 어려운 말로 진행합시다. 이 경우에 가해자는 반성을 하지 않고, 자신의 가해 행위를 되돌아보지 않는다는 비판이 생길지도 모릅니다. 그러나 가해 행위를 되돌아보기 위해서 일정한 강제적인 장치(교정치료 등)가 있거나, 신뢰관계가 있든가 해야만 합니다. AAA는 신뢰관계가 없는 단계부터 활용하는 것을 전제로 하고 있기 때문에 가해 행위를 인정 받을지 어떨지가 본래의 지원 목적과는 다른 입씨름으로 '어느 쪽이 옳은가를 인정받는' 것으로 초점이 맞춰져 버리지 않도록 생각하고 있습니다. 가족이 원조를 거부하여 개입이 단절되어 버린다면 피해자가 처한 상황의 위험이 더욱 높아지기 때문에, 항상 전체적인 시각을 갖도록 의식해야 합니다.

③ 걱정스러운 것과 그 근거 〈예상되는 위험과 그 근거〉

마지막으로 예상되는 위험과 근거의 부분입니다. 이것은 '위험리스크확인시트' 중 '리스크요인'에 포함된 것이 중심이 될 것입니다. 기본적인 사고방식으로는 실제로 일어난 사건은 아니지만, 상황적으로 예상되는 것, 문제를 복잡하게 하는 요인 등입니다. 예를 들어, 주 수발자가 정신장애인이라는 것은 그 자체로 문제가 되는 것은 아닙니다. 그러나 정신장애이기 때문에 우울증 성향이나 비관적이 되기 쉽고 절망적인 경향이 있습니다. 이 경우 적절한 사회복지자원을 가지고 있지 않다는 것이 분명하다면, 위험한 상황을 예상할 수 있습니다('어머니와 다툼을 했을 때 딸이 상담할 수 있는 사람이 없어 절망적이 되어 버릴지도 모른다.' 등). 또한 안전탐색시트로 확인하고 안심만들기 면접을 실시했지만 '안심할 만한 근거가 없다.' '지지자원이 적다.'라는 것이 확실해지는 경우에는 그 자체가 '위험신호'라고 할 수 있습니다.

(4) 지원의 실제

다음은 사회복지사와 대상자·가족과의 관계를 지원 축으로 하여 정리해 나가는 단계입니다. 관계자가 복수(複數)로 있는 경우가 있습니다. '누가' '누구에게' '무엇을'을 의식하고 명확하게 구분하여 쓰십시오. 사례검토회의에서는 이 단계를 세밀하게 진행하는 것이 무엇보다 중요합니다. 즉, '어떤 가족인가'를 이해하는 것뿐만 아니라 '어떠한 지원이 지금까지 좋았나?' '어떠한 지원이 좋지 않았나?'를 알기 위한 것으로, 더 나은 지원을 생각하는 기초적인 자료가 되기 때문입니다.

여기에서도 다음의 세 주제로 생각할 수 있습니다.

① (누구라도 좋으니까 누군가에게 있어서) 잘된 것, 도움이 된 것, 노력한 것.
② 지원 중에서 실패했다고 생각하는 것.
③ 사회복지사의 내외에 있는 자원, 지금까지 사용하고 있는 것, 앞으로 사용하고 싶은 것.

사회복지사 내외에 있는 자원에 대해서는 서비스 등의 사회자원뿐만 아니라, 사회복지사의 네트워크 및 취미, 열의 등, 이 가족에 대한 지원에 도움이 되는 것은 무엇이든 나열할 수 있습니다. 사회복지사는 대상자와 가족이 피폐하여 자신감을 잃고 있는 경우에 취미나 열의, 노력, 궁리, 생각 등 그들이 계속해 오고, 가지고 있는 자기 자원에 주의를 기울이는 것이 좋습니다.

(5) 현재의 평가

상황정리가 끝나면, 다음은 현재의 평가입니다. 0점과 10점 사이에서 현재 상황을 어떻게 평가할지 생각해 봅시다. 0점을 '즉시 분리 조치의 개입이 필요한 상황', 10점을 '학대사례로서 더 이상 지원이 필요 없는 경우'라고 한다면, 현재는

현재의 평가

회의에 참가해 있는 전원으로부터 현재 평가를 들어봅시다.

• 0이 '사건, 즉시 분리조치 개입', 10이 '학대사례로서 지원은 불필요'

• 현황은 어디에?
  관계자가 각자의 입장에서의 점수를 메기고 대상자는, 차녀는, 손자는, 각각 무엇
  을 말할 것인가를 상상하여 생각해 본다.

몇 점이라고 평가할 수 있을까요.

참가자 전원이 점수를 매기고, 동석하지 않은 관계자라면 몇 점이라고 대답할지 상상하여 써 주십시오.

이것의 목적은 '점수를 일치시키는 것'이 아닌 '다양한 점수가 되는 것'입니다. 입장, 전문성, 관계하는 방법, 알고 있는 정보에 따라 보는 각도가 다른 것은 당연합니다. 수치가 다를 때는 나름의 근거를 확인하고 정보의 차이가 있는 경우에는 추가해 주세요. 그것에 더해, 각각이 어떤 점수이든 '1점 오르기 위해서는 무엇이 일어날 필요가 있는가?'를 생각해 가도록 합시다.

또한 상처를 입었거나 지원에 자신감을 잃어 버리고 있는 참가자가 있는 경우에는 모든 참가자가 자신이 그 사람의 입장이라면 어떻게 생각할지라고 상상해서 점수를 매겨 보면 좋을지도 모릅니다. 사회복지사로서 최대한 노력했다든가, 자신도 역시 도달하지 못했다고 생각하고 괴로울 것이라는 등 점수와 그에 얽힌 화제를 토론해 보는 것은 적정한 자기평가를 되돌아보는 하나의 계기가 됩니다. 자신감의 과도한 상실은 그 이후의 지원의 질을 떨어뜨리므로 진행자는 이 점을 의식해 주십시오.

(6) 바라고 있는 모습(상태)은 무엇인가

이미 설명한 바와 같이 '바라고 있는 모습은 무엇인가'라는 것은 '서비스 이

용'이라는 '수단'이 아닌, 그러한 수단을 통해 대상자나 가족들에게 어떤 것이 달성되면 좋을까, 어떤 상태가 되면 좋을까를 생각한다는 것입니다. 안심만들기 면접에서 논의한 결과를 기록해 봅시다. 안심만들기 면접이 진행되고 있지 않은 단계에는, 여기에 대상자 본인과 가족이 있다면 뭐라고 말할까 참가자 전원이 생각하고 의견을 나누어 봅시다.

그 외에 사회복지사 자신도 이 가족과 어떠한 상태에서 관계하면 좋을지를 생각해 볼 수 있습니다. 지원이 잘 되어 가고 있고, 어떠한 관계성에서 지원이 되고 있으면 종결을 생각할 수 있는지 써 봅시다.

(7) 무엇이 일어날 필요가 있는가

'바라고 있는 모습'을 실현해 나가기 위해서는 실현 가능한 것을 생각해 봅시다. 생각나는 대로 써 봅시다. 이 단계는 브레인스토밍입니다. 옳다, 틀리다, 더 좋다 등을 생각하지 않고, 생각나는 것을 얼마든지 자유롭게 작성해 가는 것이 중요합니다.

바람직한 상태에 접근하기 위하여 무엇이 일어나면 좋을지? 그러기 위해서는? 그러기 위해서는? 하고 점점 현재에 근접해 오는 느낌입니다. '올바른' 방식일 필요는 없습니다. 우선은 '지금 가능한 것'입니다. 이 '가능한 것 찾기'는 모두가 생각해 봅시다. 즉, 참가자 전원이 반드시 발언을 하도록 하십시오.

이 '아이디어를 이야기하는' 단계에서는 하나하나의 아이디어를 음미하는 것은 하지 말아 주십시오. 우선 많은 경우의 수를 듣는 것이 중요합니다. 표현된 아이디어에 대해 하나하나 음미해 버리면 반대로 자유로운 발상이 점점 막혀 버립니다. 우선 생각나는 대로 차례차례로 적어 갑시다. 아무것도 떠오르지 않을 경우에는 다음과 같이 생각할 수 있습니다.

① 과거 유사한 사례를 경험한 적이 있었습니까? 학대가 아니어도 상관없습니다. 유사한 어려운 사례에서는 어떤 식으로 곤경에서 벗어났나요?

② 교과서나 관련 서적을 읽고 무엇인가 번뜩 떠오른 적이 있었습니까?

③ 뛰어난 대선배가 있다면 무엇이라고 말할 것 같습니까? 어떤 식으로 할 것 같습니까?

④ 실패 경험으로부터 '이 방식은 좋지 않았다.'라는 것을 분명히 알고 있는 경우에는 이야기해 주세요.

(8) 생각한 것을 총정리하고 다음의 실천을 위해 공유한다

마지막 단계입니다. 진행자는 작성된 기록을 모두 읽어 가며 개괄합니다. 그리고 각 참가자는 이 논의를 통해 발견한 것, 지금부터 해 보려고 한 것에 대해 발언해 주세요. 많은 동기부여가 될 것입니다. 그리고 창의적인 힘이 늘어 가는 것을 실감할 것입니다.

다음 회의 날짜를 정하고, 구체적으로 어떤 행동을 할 것인지 선언하고 회의를 끝냅니다.

제3부

'안심만들기·
안전탐색·
어프로치'의
실제
—응용편—

제7장 이해의 조정과 에피소드시트

제8장 모의사례에 의한 역할놀이

3부의 응용편에서는 우선 제7장에서 이해의 조정과 에피소드시트에 대해 설명하겠습니다. 이해의 조정과 에피소드시트는 우리들이 AAA의 연수를 하던 중에 더욱더 소개할 필요성을 느껴서 만들어 낸 프로그램 결과입니다.

다음의 제8장에서는 모의사례를 활용한 역할놀이의 방법을 소개하겠습니다. 이 중에서도 이해의 조정과 에피소드시트에 대해서 구체적으로 설명하고 있습니다. 모의사례를 사용한 역할놀이를 통해서 AAA의 기본적인 사고방식과 기법을 이해해 주시기 바랍니다.

제7장

이해의 조정과 에피소드시트

의사소통이 어려운 사람을 방문하는 방법과 대상자 · 가족수발
자와의 의사소통 방법에 대해 공부해 봅시다.

1 이해의 조정

(1) 면접에 다다르지 못한 경험

지금부터 의사소통이 어려운 사람을 방문하는 방법과 대상자 · 가족수발자와의 의사소통 방법에 대해서 '상대방이 이미 가지고 있는 자원을 활용하는 기술'을 사용하면서 배워가도록 하겠습니다.

먼저 다음과 같은 장면을 생각해 봅시다. 학대 신고 후의 초기 방문 장면입니다.

지역포괄지원센터: 처음 뵙겠습니다. 지역포괄지원센터의 ○○○이라고
        합니다.
가족: 예! 뭐라고요?
지역포괄지원센터: ○○시에서 어르신과 그 가족을 상담하고 있는 센터에
        서 일하고 있는 사람입니다.
가족: 우리와는 관계없어요.
지역포괄지원센터: 무엇인가 어려운 일이 없는지 생각하여…….
가족: 미안하지만 돌아가세요.
지역포괄지원센터: …….

여러분 중에서 이 사례처럼 대상자 집을 방문했는데 거절당하여 면접이 성립되지 않았던 경험을 가지고 계신 분이 있을 거라고 생각합니다. 섹션(section)의 시작에 앞서 먼저 이러한 경험의 유무, 그 당시의 기분에 대해 그룹에서 공유해 주십시오. 다양한 경험을 해 보신 분이 계실 것입니다. 그럼 여기에서 이러한 상황에 대해 약간 정리를 해 보겠습니다. 우리는 왜 쫓겨나 버린 것일까요?

여기에는 몇 가지 이유가 있을 수 있다고 생각합니다.

먼저 '자신의 태도가 나빴다.'라는 것이 있을 것입니다. 이것은 자신의 태도를 개선하는 것 이외에 해결방법이 없을 것입니다. 또 다른 것을 생각할 수 있습니다. 방문한 시간이 좋지 않았다는 것이 있을 것입니다. 우연히 바쁜 시간이었다, 기저귀를 가는 도중 등 상대방이 손을 뗄 수 없는 시간대에 우연히 방문해 버린 경우 등입니다. 이 경우에는 시간을 변경하여 재방문하는 해결방법이 있을 거라고 생각합니다. 더욱이 본래 우리의 방문의도, 목적이 정확하게 전달되지 않아 의심받는 경우도 있을 수 있습니다([그림 7-1]).

여기서는 특히 세 번째 상황을 의식해서 처음 방문할 때, 우리의 방문의도, 목적을 상대에게 정확하게 전달하는 방법에 대해 생각해 보겠습니다. 상대방이 가지고 있는 정보, 지식 등 상대의 자원을 활용하여 이해의 조정 작업을 수행하는 기술을 활용하는 방법입니다.

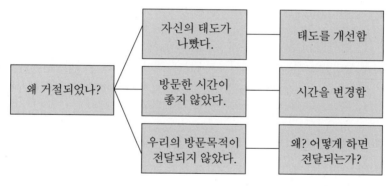

[그림 7-1] 거절된 장면의 흐름도

(2) 첫 방문의 장면

그림 서두의 첫 방문 장면을 재현해 봅시다.

이 사례에 대한 대응을 생각하기 전에 이 가족의 말을 돌이켜 보면서 가족이 지역포괄지원센터의 방문을 어떻게 느끼고 있는지 정리해 보기로 합시다.

먼저 아들의 말을 돌이켜 봅시다.

① A1: 예! 뭐라고요?

꽤 신경질적인 말투가 예측됩니다. 어쩌면 무언가 방문 판매라고 착각하고 있는지도 모릅니다.

② A2: 우리와는 관계없어요.

이것은 어떠한가요? '관계없어'라는 것은 무슨 뜻일까요? 지역포괄지원센터의 역할, 기능까지 이해하고 말한 것일까요? 아니면 막연한 이미지를 떠올리고, 관계가 없다고 생각하고 있는 것일까요. 만일 역할, 기능 등을 정확하게 이해한 경우 '우리들은 당신을 지원하고자 하는 사람들입니다.'라는 메시지가 정확하게 전달되었어도 여전히 '관계없어'라는 답변이 되돌아올까요? 아니면 다른 응답이 돌아올까요? '우리와는 관계없어' 만으로는 그러한 사정을 전혀 모릅니다.

③ A3: 미안하지만 돌아가세요.

재가지원에서 대상자의 집, 즉 현관문을 열고 안 열고의 결정권은 대상자 측에 있습니다. 상대방이 현관문을 열어주지 않는다거나 혹은 도중에 문을 닫아 버린다면, 그 면접은 그 시점에서 중단됩니다. 사회복지사는 어떠한 것도 하지 못하고, 사무실로 돌아와 버리는 것 이외에는 아무것도 할 수 없습니다. 거기서, "돌아가 주세요."라고 하는 말을 상대방이 한 경우 주의해야 할 점은 단 하나, 그것은 다음 방문 기회를 놓치지 않고, 다시 방문할 수 없게 되는 것만은 피하는 것입니다. 더이상 초인종을 눌러봤자 상대의 분노만 폭발할 것이라고 예측된다면, 굳이 강요하지 않고, "그럼 다음에 찾아뵙겠습니다." 하고 물러나는 것이 최악의 상황만은 피할 수 있을 것입니다.

그런데 일반적으로 복지 관계자는 자신의 방문이 상대에게 환영받는 것이 당연하다고 생각하는 사람이 많은 듯합니다. 그래서 방문했던 상대방으로부터 거절된다는, 이른바 '원하지 않는 방문'에는 익숙해 있지 않고, 도대체 자신의 어디가, 무엇이 잘못된 것인가 등 방문의 성공 여부를 자신의 역량과 경험의 유무와 관련이 있다고 착각하고 상당히 고민하는 경우가 많은 것 같습니다.

그러나 일반 방문 판매원의 이야기를 들어보면, 방문하는 곳의 상대에게 이야기하는 것을 거절당하는 것은 당연한 것이며, 오히려 이야기를 들어주는 사람이 있다고 한다면, 그것은 매우 드문 일이며 운이 좋았다고 생각한다고 합니다. 그래서 조금 관점을 바꾸어 낯선 방문자에 대해서 일반적인 사람이 취하는 태도([그림 7-2])에 대해 생각해 보고자 합니다.

먼저 많은 분들은 낯선 방문자에 대해 우선은 의아스러운 느낌을 가지는 것 같습니다. 혹은 이야기를 들을 마음이 전혀 없거나, 처음부터 거절하는 것이 대화의 전제가 됩니다. 그런데 그 가운데서도 불과 1% 정도의 사람만이 자신에게 뭔가 유익한 정보를 가르쳐 줄지도 모른다는 일말의 기대를 가지고 있다고 합니다.

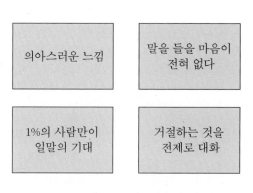

[그림 7-2] 낯선 방문자에 대한 태도

(3) 면접이 성립되기까지의 과정

재가서비스 관계에서 면접이 성립되기까지의 과정을 확인하고 싶습니다.

통상 면접이 성립되기 위해서는 상대방이 필히 집에 있어야 합니다. 부재중이거나 부재중인 척한다면 입구 단계에서 면접은 끝이 나고 맙니다.

다음에는 인터폰, 도어를 통해 대화가 시작되는 것입니다. 그리고 그곳에서 자기소개를 하고, 드디어 현관문이 열리게 됩니다. 만약 인터폰으로도 대화가 시작되지 않고, 현관문이 열리지 않는다면 또다시 면접은 실패하고 맙니다.

그 후 현관 내부에 들어가게 되고, 복도 등을 통과해야 처음 면접이 가능하게 됩니다. 즉, 타인의 집에서 이루어지는 면접은 여러 가지의 과정을 거쳐서 다양한 조건이 성립되고서야 처음으로 가능해집니다([그림 7-3]).

[그림 7-2]와 병행하여 생각하면, 일반인은 낯선 방문자에 대해 의아스러운 느낌을 가지게 되고, 이야기를 들을 생각도 전혀 없는 것이 보통입니다. 만일 대화에 조금이라고 응해 주시는 분이 있었다고 해도 대부분은 거절하는 것을 전제로 하는 대화이며, 인터폰 · 도어를 통해 대화를 하고, 보통은 문을 열어 주지는 않습니다.

그런데 그 상황에서 굳이 문을 열어 주었다는 것은 어떤 기대를 가지고 있다고 생각할 수 있습니다. 그 선택은 상대방에게 매우 용기 있는 행동이었을지도 모릅니다. 그것을 조금이라도 당연한 일이라고 생각해서는 안 됩니다.

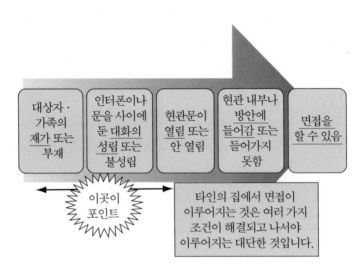

[그림 7-3] 상황의 이해—면접성립을 위한 과정

(4) 대화의 포인트

지금까지의 내용을 정리하면, 누군가의 방문을 쉽게 거부하는 사람을 방문한 경우, 첫 면접이 이루어지기 위해서는 처음 15초, 인터폰이나 현관에서의 대화가 필수입니다. 그리고 자기소개는 알기 쉬운 말로 해야 합니다. 여기서 의심을 받는다면 앞으로 나아갈 수 없습니다. 가능한 한 쉬운 언어를 쓰면서 상대방이 이미 알고 있을 만한 단어나 정보, 흥미를 가질 듯한 관심거리를 찾아 그것을 활용하고 상대가 가지고 있는 막연한 지식을 구체적으로 설명하는 것으로 상대방과의 거리를 좁혀 가는 작업이 중요합니다.

즉, 새로운 정보를 상대에게 주지시키는 것만이 아니라, 상대가 이미 가지고 있는 자원을 새롭게 재정의하여 상대에게 되돌린다는 이미지가 중요합니다.

보험설계사는 보험을 권유할 때, '보험을 소개하고 있습니다.'라고 말하지 않습니다. 세대주 분들에 대해서는 '질병이나 만일의 경우를 위해서' 아이가 태어난 세대에는 '아이의 건강이나 교육자금을 위해서' 또한 미혼분이라면 '만일의 경우 부상이나 질병을 위해서' 등과 같이 보험이라는 문자를 상대방이 관심을 가질 만한 정보로 바꿔서 대화를 진행시켜 간다고 합니다.

지역포괄지원센터의 직원도 예를 들어, '지역포괄지원센터에 대해 알고 계신가요?'가 아닌, 이미 상대가 알고 있을 만한 말이나 정보로 바꿔 '시청에서 왔습니다만' '장기요양보험의 건으로 설명해 드리려고 왔습니다.' '근처 주민센터에서 최근 강좌를 하고 있어서' '지역복지센터에 대해 알고 계신가요?' '치매에 대해 교육을 하고 있어서' '치매의 외래진료라는 것을 알고 계신가요?' '정부의 무료 서비스를 소개하고 있습니다.' '지원금의 안내정보를 알려 드리려고 왔습니다.' 등으로 대화를 이어 갈 수 있도록 하는 방식도 있을 것입니다.

그리고 상대로부터 '그게 뭡니까?'라는 반응이 돌아온다면, 먼저 '방문의 첫 번째 장애물은 통과했다.'고 생각해도 좋을 것입니다.

포인트 44　면접에 도달하기까지의 대화 포인트

- 승부는 처음 15초
- 우선은 알기 쉬운 말로 자기소개
- 일반인이 이해하기 어려운 고유명사는 사용하지 않는다.
- 상대방이 이미 알고 있을 단어, 정보, 흥미를 가질 만한 내용을 활용하고, 상대가 가지고 있는 막연한 지식을 구체적으로 설명하여 상대의 이해를 좁혀 간다(<u>상대의 자원을 활용한다</u>).

　※ 삽입하는 것만이 아니라 재정의하는 이미지

〈상대방이 이미 알고 있을 단어, 정보, 흥미를 가질 만한 내용〉
- 시청
- 어르신의 수발 상담기관
- 수발보험
- 치매
- 근처의 사회복지관
- 건망증
- 지역복지센터
- 시의 무료서비스 등

포인트 45　대화의 예

자신들의 역할을 상대방이 알기 쉬운 말을 사용하여 전달한다.
- 편의점 앞의 상담창구에서 왔습니다.
- 시청의 출장 창구와 같은 일을 하고 있습니다.
- 지역복지센터에서 식사강좌를 열고 있습니다.
- "아, 그 사람"이라고 하면 OK, 관계시작

상대가 흥미를 가질 만한 정보를 전달한다.
- "시청에서 발행하고 있는 소책자에 대하여 설명해 드리려고 합니다."
- "여러분이 알고 있지 않은 서비스가 많아서……. 무료로 제공하는 기저귀라든가, 2,500원의 도시락 등등……."
- "그건 뭡니까?"라는 질문을 한다면 상당히 성공

(5) 연습－현관문을 열어 주도록 하기 위하여

그럼 여기서 한 가지 연습을 해 봅시다. 주제는 "돌아가 주십시오." 입니다.

이해를 이끌어 내기 위한 연습 "돌아가 주십시오."

① 먼저 사회복지사 역할과 가족 역할을 결정해 주십시오.
② 정해졌다면, 첫 방문 시 현관 앞에서의 인사 장면을 재현해 보십시오.
약 3분간 실시합니다.
③ 가족 역할을 하는 사람은 가능하면 무뚝뚝하게 상대방을 되돌려 보내는
마음으로 임해 주십시오.
④ 사회복지사 역할을 하는 사람은 상대방이 알고 있을 것 같은 정보나 흥
미를 가질 만한 내용을 제시하면서 어떻게든 대화를 이어 가 보십시오.
⑤ 그럼 역할을 교대하여 같은 방식으로 3분간 계속해 주십시오.

어떠셨습니까? 무사히 현관문이 열렸습니까?

연습을 통해 알아차리신 분들도 많을 것이라고 생각합니다. 화살처럼 빠르게
일방적으로 자신들의 역할을 이야기했지만, 상대는 조금도 들어 주지 않았던 것
은 아닌지요? 하지만 상대방이 가질 만한 흥미나 관심거리 그리고 이미 가지고
있는 자원을 의식하고, 상대에게 전해질 말의 내용을 음미해 가면서 질문하면 대
화가 조금 좋은 방향으로 전개되지는 않았는지요?

이처럼 방문하기 어려운 대상자를 방문하거나 관계를 위한 힌트는 이미 상대
방 안에 있음을 알 수 있습니다. 지역에 오랫동안 살고 계시는 분들이 그 지역의
정보를 전혀 모를 리가 없습니다. 사회복지사에 대해서도 도움이 될 거라고 생각
하지 않는 경우가 많다고 할지라도 어떠한 정보·이미지를 가지고 있을 것입니
다. 그 이미지나 정보, 자원을 활용하는 것이 중요합니다. 그 정보에 대한 주입이

아니라 우리들이 여러분을 위한 친밀한 상담기관임을 다양한 정보를 사용하여 상기시켜 가는 것이 중요합니다.

시작은 상대가 가지고 있는 자원에 주목하는 것입니다. 그것을 활용하여 이해를 조정하고, 현관문을 열리게 하는 것입니다.

2 에피소드시트

(1) 활용 장면

현장의 실천가들로부터 AAA의 연수를 받고 현장에서 타임시트 면접을 실시해 보았지만 화제가 충분히 전개되지 못했다는 보고를 받았습니다. 타임시트 면접이 어렵고 어떻게 관여하면 좋은지 답답함을 많이 느꼈다는 것입니다. 그래서 타임시트 면접에서 완전하게 소화하지 못한 것에 초점을 맞추어 면접을 보강하는 의미에서 새로운 '에피소드시트'(그림 7-4)를 개발했습니다.

타임시트는 하루를 개괄하는데 적합한 것이라고 한다면, 에피소드시트는 에피소드를 개별적으로 세밀하게 하나씩 정중히 파고들면서 물어 가는 것입니다. 타임시트 면접에서 이야기를 개략적으로 들어 구체적인 생활모습이나 발생한 문제행동을 정확하게 파악할 수 없는 경우 등에 에피소드시트로 화제를 이어 가도록 해 봅시다.

대상자 이름 (   )   기입일 (   )
이야기해 준 사람의 이름 · 관계 (   )   담당 (   )

에피소드시트 (에 대해서)

※ 해당란에 ○표 → (보통 때의 모습 · 최근 어떤 일이 발생했을 때의 모습)

시간	대상자의 활동	가족의 수발상황	도움을 준 사람/ 물건/서비스

이 화제와 관련해 특별히 생각하거나 배려하고 있는 것이 있습니까?
• 방법
• 규칙
• 선호하는 것
• 건강상의 배려 등
• 걱정 · 불안

가끔씩이라도 도와주거나 지지해 주는 사람 · 서비스는 있습니까?
좀 더 어떻게 해 주시기를 바라는 것이 있습니까?

이야기를 듣고 있으면서 느낀 것을 메모(꼭 전하고 싶은 것)

ⓒ AAA (안심만들기 · 안전탐색 · 어프로치연구회)

[그림 7-4] 에피소드시트

(2) 사용방법

식사, 배설, 세탁, 외출 준비 등 수발 부분뿐만 아니라 가사에 대해서도 정중하게 물어봅시다. 가치관이나 자기들만의 생각이 있기 때문에 집집마다 문화가 다를 수 있습니다. 실제로 이런 문화의 차이 때문에 고생하는 사람이 많습니다. 가정 내 갈등의 대다수는 '씻는 방법의 차이' '청소방법이 잘못되었어.' '세탁방법이 마음에 들지 않아.' 등 극히 일상적인 가사 방식을 비난의 대상으로 삼기 때문에 서로 부딪치는 부분이 많습니다.

 에피소드시트의 사용법

식사, 배설, 세탁, 외출 준비 등 수발 부분뿐만 아니라 가사에 대해 정중하게 물어본다.

- 가치관이나 자기만의 생각이 있고, 집마다 문화가 다르기 때문에 고생하는 사람도 많다(특히 며느리).
- '식사' 하나에 대해서도
  - 식단 · 영양 · 잘게 썬 식사나 유동식, 조리방법 등
  - 생선에도 생선회, 생선구이, 생선조림 등에 따라 손질의 정도가 다르다. 또한 주로 흰 살 생선인가, 붉은 살 생선인가 등
  - 목 넘김이 잘 되도록 부드러운 음식으로 만드는 등, 식초나 설탕을 넣는 등 자기만의 독특함은 있는지?
  - 그 가족의 방식을 정확하게 파악하고 마음 씀씀이를 제대로 배려해 나간다.

 하루의 흐름을 정중히 경청한다

오직 상대의 이야기에 귀를 기울인다.

- 이야기하는 사람의 머릿속에 떠올라 있는 세계나 장면이 자신의 머릿속에도 영화와 같이 떠오르도록 듣는다(머릿속에 떠오르는 에피소드의 정경 · 비전).

'식사' 하나에 대해서도 식단·영양·잘게 썬 음식이나 유동식, 조리방법 등 매우 다양합니다. 생선도 생선회, 생선구이, 생선조림 등 손질의 정도가 다릅니다. 주로 흰 살 생선인지, 붉은 살 생선인지 등 그런 것 하나하나를 배려해 가며 요리하는지, 손질에 많은 시간이 걸려 힘든 것인지, 아니면 다른 그 무엇이 있는지 등의 상황이 보이게 됩니다. 조리방법도 마찬가지입니다. 목 넘김이 잘 되도록 부드러운 음식을 만들려고 궁리하는지, 식초나 설탕을 넣는 등 자신만의 독특한 방법을 고집하는지 등 그 가족의 방식을 정확하게 파악하고 배려하는 것이 중요합니다. 식사에 대한 에피소드시트는 [그림 7-5]에 있습니다.

또한 이야기를 들을 때는 이야기를 하는 사람의 머릿속에 떠올라 있는 상황이 자신의 머릿속에 그대로 그려질 수 있도록 경청해 주세요. 예를 들면, 상담 대상자의 생활을 모델로 하여 당신이 영화감독이 되어 촬영을 한다고 하면 어떤 것을 알고 있지 않으면 안 될까라는 시각입니다. 그러한 장면을 재현할 수 있도록 세심하게 질문해 주십시오.

대상자 이름 (   )   기입일 (   )
이야기해 준 사람의 이름 · 관계 (   )   담당 (   )

에피소드시트 (식사에 대해서)

※ 해당란에 ○표 → (보통 때의 모습 · 최근 어떤 일이 발생했을 때의 모습)

시간	대상자의 활동	가족의 수발상황	도움을 준 사람/ 물건/서비스

식사에 대해서 특별히 생각하거나 배려하고 있는 것이 있습니까?
• 식재
• 조리방법
• 연하[1]상황
• 메뉴
• 기호 · 규칙
• 색깔 · 담는 모양 · 그릇
• 보존
• 영양 · 식사요법
• 기타

가끔씩이라도 도와주거나 지지해 주는 사람이나 서비스가 있습니까?
좀 더 어떻게 해 주시기를 바라는 것이 있습니까?

이야기를 듣고 있으면서 느낀 것을 메모(꼭 전하고 싶은 것)

ⓒ AAA (안심만들기 · 안전탐색 · 어프로치연구회)

[그림 7-5] 에피소드시트(식사에 대해서)

---

1) 역자 주: 보통 음식을 삼키거나 물을 마실 때 정상적으로는 아무런 감각이나 저항 없이 입에서부터 위장까지 쉽게 통과하는데, 음식이 지나가는 감각이 느껴지거나 음식이 식도 내에서 내려가다가 지체되거나 중간에 걸려서 더 이상 내려가지 않는 것을 연하곤란(嚥下困難, dysphagia)이라고 한다(출처: 네이버 지식백과).

포인트
48
타임시트 · 에피소드시트 활용의 효용

하루 또는 하나의 장면 흐름을 정중하게 듣는 것으로…

• 대상자 · 수발자의 생활실태를 그들 자신과 사회복지사가 동시에 시각적으로 이해
  할 수 있다.
• 사회복지사가 대상자 · 가족의 상세한 생활을 이해할 수 있게 되고, 공감적 이해를
  하기 쉽다. 또한 상대의 강점도 파악하기 쉽고, 자연스럽게 칭찬이 이루어져 관계
  성을 만들기 쉽다.
• 위험과 안전의 신호를 균형 있게 잘 파악할 수 있다.
• 대상자 · 수발자가 앞으로의 방향성과 바라는 생활을 상상하기 쉽다.
• 지원의 실마리가 보인다.

(3) 효용

에피소드시트의 효용은 타임시트의 효용과 동일하며 다음과 같은 것입니다.

① 대상자 · 수발자의 생활실태를 그들 자신과 사회복지사가 동시에 시각적으
  로 이해할 수 있다.
② 사회복지사가 대상자와 가족의 상세한 생활을 이해할 수 있게 되고, 공감적
  이해를 하기 쉽다. 자연스럽게 칭찬이 이루어져 관계성을 만들기 쉽다.
③ 위험과 안전의 신호를 균형 있게 잘 파악할 수 있다.
④ 대상자 · 수발자가 앞으로의 방향성과 바라는 생활을 상상하기 쉽다.
⑤ 지원의 실마리가 보인다.

에피소드시트는 타임시트를 보완하기 위한 것입니다. 목표하는 바는 같은 것
입니다. 단, 에피소드시트는 주목하는 에피소드의 수만큼 수많은 측면에서 생활
의 모습을 질문해 갈 수 있기 때문에 몇 번이라도 반복해서 사용할 수 있습니다.
정중하게 구체적인 상황을 물으면서 지원의 실마리를 찾아가 주십시오.

제8장

모의사례에 의한 역할놀이

역할놀이를 중심으로 실제업무에서 AAA의 사고방식을 응용
하는 방법을 배워 갑시다.

모의사례 소개와 역할놀이 실시상의 포인트

이 장에서는 AAA의 기본적인 생각은 이미 알고 있는 것을 전제로 하여 역할놀이를 중심으로 실천현장에서 도움이 되는 지식을 제시하고자 합니다.

(1) 아이스 브레이크(ice brake) 연습

먼저 자기소개를 해 보겠습니다. 제한 시간은 1인당 1분입니다. 다음의 세 가지를 한 명씩 돌아가며 이야기합니다. ① 자기 이름과 그룹의 호칭, ② 소속 · 직종, ③ 자신을 무엇인가에 비유하면 ○○○이라고 합니다와 같은 자기소개입니다. 또한 참석 인원 모두 자기소개를 끝내면 빨리 AAA에서 중요하게 생각하는 칭찬을 연습해 봅시다.

시계방향으로 소개 과정에서 느낀 상대에 대한 '멋지다' '좋다'라고 생각한 것을 한마디씩 간단하게 서로 얘기합시다.

(2) 연수의 진행방식

여기서 하나의 모의사례를 제시합니다([그림 8-1], [그림 8-2]). 이 사례는 어디까지나 기본 설정이므로 역할을 연기하는 도중에 이야기를 바꿔도 상관없습니다.

등장인물은 대상자, 주 수발자(차녀), 사회복지사, 지역포괄지원센터 직원, 주간보호센터 직원 등입니다. 관계자의 역할은 각각의 그룹에서 협의하여 담당을 정해 주십시오(섹션마다 역할 변경도 가능합니다).

(3) 사례 소개

우선 [그림 8-1], [그림 8-2]의 아키바(秋葉)씨 가족과 사회복지사, 지역포괄지원센터 직원의 관계를 봐 주십시오. 자유롭게 이미지를 확대해 가고, 모르는 곳의 설정은 자유롭게 바꾸어도 상관없습니다. 이용자 가족은 대상자(秋葉明子, 아키바 아키코), 돌아가신 남편(一朗, 이치로), 장녀(和子, 카즈코), 차녀(聰子, 사토코), 손자 (達雄, 타츠오) 5명입니다. 역할놀이 시작 전에 사회복지사 역할은 [그림 8-1]을, 차녀 역할은 [그림 8-2]를 숙독하고 각각의 역할을 정해 주십시오.

---

1. 지역포괄지원센터 담당직원의 역할 만들기 설정 자료

대학에서 사회복지학을 전공하고 집에서의 생활을 바라는 수발자의 부담을 조금이라도 덜어 드리고 싶은 마음으로 지역포괄지원센터에 취직했습니다. 처음에는 돌보는 일로 시작하였지만 여러 부서를 경험하고 2년 전부터 평소 원했던 지역포괄지원센터로 이동하게 되었습니다. 정신없는 일상 속에서 오직 그날의 업무를 처리하는 데 힘겨움을 느끼고 있습니다. 다른 복지기관과의 회의에서 서비스를 조정하는 등의 일도 많지만 대부분 정보를 공유하는 정도이고 연계는 잘 되지 않습니다. 이용자를 대응하는 일에 휘둘려서 사업소에 폐를 끼치기도 하고, 시간이 지나 생각해 보면 그때 이렇게 대응했으면 좋았을 텐데 하고 반성해야 할 일도 많습니다. 얼마 전 지역에서 비교적 열심히 일하는 사회복지관계자로부터 학대는 아닌지 하는 상담전화를 받았습니다. 학대라는 말에 마음이 무거워졌지만 분발해야겠다고 생각했습니다.

우선은 아키바씨에 대해서 과거의 기록을 확인했습니다. 전임자의 기록에는 장기요양보험의 신청 시에 동거하는 딸로부터 '요양등급이 너무 낮다, 어렵기 때문에 더 지원해 줄 수 없느냐'는 내용으로, 고압적인 말투였다고 하는 기록이 있었습니다. 그 후 결과 통지에 대해서는 '아, 그렇습니까?'라고 납득한 것 같았습니다. 또 담당지구의 통·반장으로부터 때때로 고함치는 목소리가 들리기도 하고, 쓰레기 버리는 규칙을 지키지 않는다는 고충을

들었다는 내용이 기록되어 있었습니다. 전임자가 '힘들지는 않습니까?' 하고 방문했을 때, 집에 아무도 없어서 편지를 남겨 두었지만 특별히 연락이 없었다고 하는 기록이 있었습니다. 사회복지사와 연계하면서 관계해 갈 것인지, 말 것인지에 대해서 모색하고 있습니다.

2. 사회복지사의 역할 만들기 설정 자료

전문대학에서 케어워커 자격을 취득하고 요양원에서 먼저 요양업무를 시작하였습니다. 그 후 생활상담원으로 3년 정도 일을 한 후 사회복지사의 자격을 취득하고 사례관리 업무를 해온 지 이제 5년째입니다. 가족수발자의 욕구와 대상자의 욕구 사이에서 생각과 고민이 많을 뿐입니다.

대상자는 아키바 아키코씨이며 78세 여성입니다. 5년 전에 남편인 이치로씨가 간암으로 돌아가시고(향년 80세), 그 무렵부터 치매 증상이 나타나기 시작했던 것 같습니다. 올여름 다니는 병원에서 초진했을 때 탈수 증상이 심하여 입원하게 되었고 병원에서 장기요양등급을 신청하게 되었습니다. 다니는 병원의 정보에 의하면 최근 수년간은 치료가 부정기적이었으며, 최근에는 근처를 배회하고 그때마다 동거하고 있는 딸이 찾아다닌다는 것입니다.

아키코씨는 두 딸이 있었습니다. 큰딸은 이웃 도시에 살고 있고 시어머니의 수발을 하고 있다고 해서 아직 연락을 하지 않았습니다. 사토코씨도 아키코씨의 수발을 위해 일하지 않고 은둔형 외톨이의 아들과 이치로씨의 유족연금에 의존하고 있는 것 같은 느낌입니다.

솔직히 사토코씨는 매우 어려운 상대입니다. 처음 방문했을 때는 아들의 상황을 물었더니, 내가 복지센터에 돌아가기도 전에 소장에게 '어머니의 수발인데 아들의 일까지 참견하지 말라.'라는 항의 전화를 하는 사람입니다. 이번에 역시 학대가 있는지도 모른다고 생각한 것은 어머니의 주간보호서비스 목욕 중에 멍과 같은 것을 보았다는 보고가 있었기 때문입니다. 정말로 학대인지 잘 모르겠지만 신경이 쓰여서 지역포괄지원센터에서 상담을 하고자 결정했습니다.

[그림 8-1] 사회복지사 역할 만들기 시트

[그림 8-1] 계속

수발가족 - 아키바 사토코씨(차녀)의 역할 만들기 설정 자료

나는 언제나 무엇을 해도 부모님으로부터 인정 받지 못했습니다.

내가 어릴 때부터 아버지는 술을 마시고 큰 소리로 화를 내셔서 어머니나 언니가 말리려고 하면 곧 가족이 서로 말싸움하는 것처럼 되어 버려 그런 것이 너무 싫었습니다. 그래서 아버지와는 그다지 말도 하지 않았습니다. 어머니와 언니는 붙임성도 있고 비교적 사교적이어서 어디서나 자신의 의견을 표현하고, 이웃사람과도 원만한 관계를 유지하는 타입이지만, 나는 골똘히 생각하는 성격이어서, 어릴 때는 어머니로부터 "꾸물거리지 마라!!"라고 사람들 앞에서 자주 꾸중을 들었습니다.

그렇기 때문에 친구도 적었고 이웃과의 관계도 어렵고 해서 어쨌든 집을 나갈 생각으로 열심히 공부만 했습니다. 그래서 아주 좋은 성적이었기 때문에 아버지가 동경(東京)에 있는 대학에 가도 좋다고 말씀해 주셨습니다. 조금 인정받은 것 같은 마음에 기뻤습니다. 그래서 혼자 열심히 생활하면서 공부하여 좋은 곳에 취직도 하고 좋은 남편 만나 결혼하려고 생각했습니다. 바보였지요. 그러던 중 진실되고 상냥하면서도 나를 좋아해 주는 사람과 사귀기 시작했고, 좋아서 어찌할 바를 몰랐습니다. 즐거워서 친정에 알렸습니다만, 아버지가 아주 차갑게 "출신도 모르는 녀석과 사귀라고 너를 대학에 보낸 게 아니야."라고 말해서 큰 싸움이 났습니다. 부모님께 반항하는 마음으로 고집을 부리며 결혼했습니다. 반드시 행복하게 살 수 있을 것이라고 생각했습니다. 실제로 아이가 태어날 때까지는 정말로 행복했습니다.

아이가 태어나자 남편은 모든 것을 점점 귀찮아 하기 시작했습니다. 결혼 전에 원래 말이 많은 타입은 아니었지만 아이의 울음소리가 시끄럽다고 다른 방으로 피해 버리는 일이 빈번했습니다. 시댁도 시골이라서 이웃에 아는 사람도 없었기 때문에 어떻게 하는 것이 좋은지 몰랐습니다. 친정어머니께 물어보면 "그런 일도 하나 못하니?" "아이가 아이를 키우는구나."라고 말하는 등 사사건건 야단만 치는 것이었습니다. 더 이상 야단 맞는 게 싫어서 어떻게 아이를 양육하는 것이 좋은지 모르는 채 매일 밤 혼자서 우는 일이 많았습니다. 그 즈음부터 남편의 일이 팀 구성의 일원으로 점점 바쁘게 되었고, 또한 직원 간 교류나 잔업 등으로 밖에서 술을 마시고 귀가하는 일이 늘

어났습니다. 나는 계속 혼자서 애기와 하루 종일 같이 있지 않으면 안 되는데, 아무것도 도와주지 않으면서 남편은 집에 돌아와 분위기가 나쁘다거나 조금이라도 불만을 얘기하면 시끄럽다고만 합니다. 그래서 싸움만 늘어나고 있습니다.

아이가 초등학교 다닐 때는 남편과 서로 고함치는 싸움을 매일 하게 되고, 낮에는 비참한 기분으로 매일 울고 있었던 것 같습니다. 드디어 어느 날 밤 아이가 "아버지가 돌아오지 않았으면 좋겠다."라고 말한 것을 계기로 이래서는 안 되겠다고 생각하고, 부부관계를 회복하려고 했습니다만 오히려 남편으로부터 "이제 지긋지긋하다."는 말을 들었습니다. 결국 이혼하고 말았습니다.

이혼했는데 취업이 되지 않고, 집도 남편 회사의 사택이었기 때문에 빨리 나가지 않으면 안 되는 상황에서 곤란해 하고 있는데 아버지가 친정으로 돌아오라고 말했던 것입니다. 기댈 수 있는 곳은 가족뿐이라고 생각했습니다. 그래도 역시 억울하고 분하다는 생각이 들었습니다. 역시 '그런 남자를 선택했기 때문에' 등의 말을 들어서 정말 부끄러웠습니다. 어찌 되었건 쓰다 달다 말할 수 없는 가운데 어머니에게 가사를 맡기고 파트타임으로 일을 했지만 그것마저도 지속적으로 할 수 없어서 매우 힘들었습니다.

아이는 중학교 2~3학년쯤부터 등교거부를 하기 시작했습니다. 나도 몸 상태가 좋지 않았지만 부모가 확실히 껴안지 않으면 안 된다고 생각하여 아이의 이야기를 들으려고 생각하였습니다. 그러나 대화가 순조롭지 않았습니다. 이야기하려고 무리하게 방에 들어가려고 하면 난폭하게 굴며 벽을 치고 물건을 부수고 해서 무서웠습니다. 정말 못난 엄마라고 생각했습니다. 어떻게 해서라도 고등학교에 진학은 했지만 계속 다니지 않고 결국 지금은 집에 있습니다. 집에서 게임을 하거나 인터넷을 보기도 하면서 지내고 있습니다. 한 번 아이의 일로 학교 사회복지사에게 상담했을 때 정신과 진료를 권유받아 병원에 간 적이 있습니다. 그 의사로부터 부모도 치료가 필요하다는 말을 들어서 불쾌해서 두 번 다시 가지 않습니다.

5년 전부터 아버지가 입 · 퇴원을 반복하게 되었고 그 수발도 큰일이었기 때문에 일을 그만두고 어머니와 둘이서 아버지의 수발을 했습니다. 아버지가 돌아가신 후에 어머니도 급격히 상태가 좋지 않았기 때문에 그냥 둘 수 없어서 결국 지금은 일을 할 수도 없습니다.

어머니도 치매라고 하지만 정상일 때가 많습니다. 욕만 하고 고집불통이고 뭔가가 있으면 굉장히 은혜라도 베푸는 듯이 생색내듯 말하고 내게 안 된다고만 말해서 정말로 지긋지긋합니다. 밤중에 나를 향해서 "왜 가정부가 이 집에 있는 거야, 나가줘."라고 말한 적도 있습니다. 그렇게 말한 것은 분명 본마음이겠지요……. 그렇지만 그 다음날은 완전히 잊어 버립니다. 자신에게 나쁜 것만을 잊어버리는 것은 전부터입니다. 전에도 내가 어머니 것을 마음대로 손을 댔다고 트집을 잡아서 하지 않았다고 말해도 듣지 않습니다. 어머니가 큰 소리로 고함을 치기 때문에 나도 참을 수 없어서 어머니를 밀쳐서 어머니 방에 가두어 버립니다. 그러면 아들이 시끄럽다고 벽을 차기도 합니다. 이제 이런 집은 지긋지긋합니다. 그래도 내가 없으면 어떤 것도 안 되겠지요? 어머니의 배변을 도울 때는 나를 붙잡은 손이 귀찮고 갑자기 더럽다고 생각되어 나 자신도 모르게 꼬집어 버렸습니다. 심하지요? 그래도 뭐라고 할까……. 이제 어떻게 되어도 좋아요. 어떻게라도 익숙해질 거라고 생각합니다.

이웃도 의지가 되지 않습니다. 제일 신경 쓰이는 것은, 나에 대한 이웃의 평판인데, 나쁘지요. 어릴 때부터 그렇고요. 이혼하고 돌아왔을 때도 어머니가 이웃에게 '되돌아온 자체가 나쁘다.'고 했다고 합니다. 타츠오가 학교에 가지 않게 되고부터 이웃에게 상담 같은 것을 했습니다. 누군가가 도와줄 이유도 없는데 말입니다. 그런데도 이웃은 주절대는 말이 시끄럽다, 쓰레기 분리수거가 잘못되었다, 불평만 합니다. 그래서 정말 이제는 이 동네도 지긋지긋합니다. 그렇지만 내가 노력하는 수밖에 없으니까.

[그림 8-2] 차녀 역 역할 만들기 시트

[그림 8-2] 계속

[그림 8-2] 계속

[그림 8-2] 계속

[그림 8-2] 계속

2 섹션 1: 지역포괄지원센터에의 상담 · 신고 장면

(1) 상담 · 신고내용

먼저, 지역포괄지원센터에의 상담 · 신고 장면에 대해 생각해 보겠습니다.

사회복지관계자가 아키바씨 가족이 학대할지도 모른다고 걱정되어서 전화로 지역포괄지원센터에 연락하기로 했습니다. 연락 내용은 차녀에 의한 아키바씨의 신체적 학대나 방임이 우려된다는 것입니다.

(2) 역할놀이

즉시 역할놀이를 진행합니다. 그룹 안에서 역할을 정해 주세요. 역할은 사회복지관계자와 지역포괄지원센터의 사회복지사입니다.

지역포괄지원센터 사회복지사 역할을 할 사람은 '위험리스크확인시트'나 '안전탐색시트'를 의식하면서 정중히 질문해 주시기 바랍니다. 또 그 밖의 사람은 관찰자로서 느낀 점, 의문점, 좋았던 점, 잘했던 점을 메모해 주세요. 그럼 역할놀이를 시작해 봅시다.

(3) 회상

역할놀이가 끝나면 각 집단에서 어떤 것을 알게 되었는지, 어떤 의문점이 있었는지 집단 내에서 공유해 보세요.

3 섹션 2: 이해의 조정

(1) '상대와 자신의 이해를 조정하다'

이어서 '상대와 자신의 이해를 조정하다'를 위한 연습을 실시해 갑니다. 첫째, 지역포괄지원센터 사회복지사 역할과 차녀 아키바 사토코씨의 역할을 정합니다. 결정되었으면 지역포괄지원센터에 의한 첫 방문 시 현관 앞에서의 인사장면을 재현해 보기로 합니다.

사토코씨 역할을 하는 사람은 가능한 한 무뚝뚝하게 상대를 되돌려 보내려는 마음으로 임해 주십시오. 지역포괄지원센터 사회복지사 역할을 하는 사람은 사토코씨가 알고 있을 것 같은 정보나 흥미를 가질 만한 내용을 언급하면서 어떻게든 대화가 되도록 해 보십시오. 3분 후 역할을 교대합니다.

(2) 회상

연습을 시도해 본 결과 관찰자들은 어떤 느낌을 갖게 되었나요? 혹시 지역포괄지원센터 사회복지사 역할을 한 사람이 계속해서 자신의 역할을 이야기하려 했지만 사토코씨는 조금도 들어보려는 자세를 취하지 않았던 것은 아닌지요? 그렇지만 사토코씨의 흥미와 관심을 의식하고 사토코씨가 이미 가지고 있는 자원을 의식하면서 사토코씨에게 전해지는 말의 의미와 내용을 음미하고 물어 가면 조금은 대화가 좋은 방향으로 전개되지는 않았는지요?

제7장에서 실행했던 연습의 설명에서도 언급했지만 방문하기 어려운 이용자에의 방문이나 관계의 힌트는 이미 상대 안에 있다는 것을 알 수 있습니다.

한 지역에 오랫동안 살고 계시는 분들이 그 지역의 정보를 전혀 모를 수가 없습니다. 사회복지사의 존재가 '도움이 된다.'라는 생각을 하지 않는 경우가 많아도 어떠한 정보나 이미지는 가지고 있을 것입니다. 그 이미지, 정보, 자원을 활용하여 시작하는 자세가 중요합니다. 상대가 이미 가지고 있는 정보에, 더욱더 우리가 여러분에게 친밀한 상담기관이라는 새로운 정보를 확인해 나가는 것이 중요합니다. 잘못되어도 새로운 정보를 '주입'하려는 생각은 하지 않는 편이 좋습니다.

시작은 상대가 가지고 있는 자원에 주목하는 것부터입니다. 그것을 활용하여 이해를 조정하고 현관문을 열어 달라고 하는 것이 중요합니다.

4 섹션 3: 타임시트 면접에 도전

(1) 가정방문

이어서 실시하는 것은 가정방문의 역할놀이입니다. 이번에는 지역포괄지원센터 직원이 이미 관계가 형성되어 있는 사회복지관계자와의 동행방문 덕분에 어떻게든 방에 들어가는 것을 허락받을 수 있었다고 가정합니다. 거기서 실태파악 겸 타임시트 면접을 실시하기로 합니다. 등장인물은 둘째 딸 사토코씨, 사회복지관계자 또는 지역포괄지원센터 사회복지사입니다. 각각의 역할을 누가 담당할지, 우선 집단 내에서 결정합니다. 역할이 없는 사람은 관찰자로서 메모를 해 주시기 바랍니다. 먼저 인사 장면에서 타임시트 면접을 실시해 봅시다. 또한 면접에 들어가기 전에 예를 들어 "귀여운 고양이네요." 등 상대방의 생활 속에서 엿볼 수 있는 이야기하기 쉬운 것, 상대의 좋은 점을 찾아 가벼운 대화를 나누는 것도 중요합니다. 방의 분위기가 조금 누그러진 단계에서 "하루의 생활모습을 들려주세요."라고 타임시트의 면접을 진행해 갑시다. 타임시트 면접 도입의 시초는 다음과 같은 형태로 진행하면 상대의 저항이 적고 분위기가 좋을지도 모릅니다.

(2) 타임시트 면접의 도입장면

처음 사용할 단어의 예로서 다음과 같은 것이 있습니다.

지역포괄지원센터에서는 대상자의 생활모습과 가족 돌봄의 어려움에 대해 알려드리고 있습니다만, 아키바씨 댁의 모습에 대해 들려주실 수 있으신가요? 물론 이야기하고 싶지 않으신 것은 말하지 않으셔도 괜찮으니 안심해 주십시오. 그럼 먼저 이번 한 주 동안 가장 바빴던 하루의 생활 모습을 들려주시겠습니까?

 가정방문 시의 역할놀이

인사의 장면에서 타임시트 면접을 해 보십시오.

- 인사합시다.
- 필요에 따라 가벼운 대화를 나눕시다.
- '생활모습을 들려주세요.' 라고 타임시트 면접을 도입합시다.
- 상세하게 사정을 묻고, 격려합시다.

또한 면접 중에서는 이미 배운 것처럼 앵무새대화법을 활용하도록 합니다. 구체적으로는 다음과 같습니다.

지역포괄지원센터: 아침에 눈을 뜨는 시간은 몇 시인가요?
가   족: 6시입니다.
지역포괄지원센터: 6시입니까? 어머님도 같은 시간에 일어나시나요?

이처럼 상대방이 한 말을 그대로 반복하므로 대화가 자연스럽게 흘러갑니다. 또한 '그래서, 이제부터'라고 지금 상대가 한 말을 더욱 넓히기 위한 말도 활용하면 좋을 것입니다.

면접에서 상대가 노력하고 있는 점, 힘내고 있는 점 등을 찾을 수 있다면 강조하기 위해 그것을 격려해 주십시오.

(3) 함께 시트를 보는 것의 의미

타임시트 면접에서는 함께 시트를 보면서 면접을 진행하기 때문에 상대와 정면으로 마주보는 것이 아닙니다. 시선을 함께 한 곳으로 향하고 때때로 얼굴을 마주보는 작업이 진행되기 때문에 서로 자유로우며 상대의 대화내용에 대해 공감성이 촉진된다는 특징이 있습니다. 이러한 점도 의식하면서 역할놀이를 진행해 갑시다.

(4) 동료와 회상

여기서 약간의 회상을 해 봅시다. 지금까지의 타임시트 면접에서 좋았던 점이나 신경 쓰였던 점 등을 확인해서 그룹에서 이야기해 보십시오. 다음은 추가적으로 어떤 창의적인 생각을 할 수 있는지 서로 자유롭게 아이디어를 내 봅시다.

 포인트 49　함께 시트를 보는 것의 의미

시선을 향하는 방향과 서로 마주보는 것

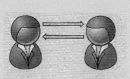

- 정면으로 서로 마주보면 긴장감이 높아지기 쉽다.
- 안심감이 낮은 것이 화제가 될 때는 진행하기 어렵다.
- 시선이 같은 방향으로 향한다.
- 때때로 얼굴을 마주본다 = 자유로움의 정도·공유감의 촉진

(5) 강점관점의 원 포인트 · 어드바이스

강점관점의 원 포인트 · 어드바이스로는 다음의 세 가지를 들 수 있습니다.

① 사회복지사는 가족수발자에 대해서 '문을 열어 주었다.' '응대해 주었다.' 등 면접이 이루어진 것에 대해 감사의 말을 할 수 있었습니까? 상대에 대한 감사는 얼마든지 있다고 생각합니다.

② 세심한 사실을 확인하고 진심으로 격려의 말을 할 수 있으셨나요? 이 경우의 포인트는 자신의 솔직한 기분의 수준에서 대단하다고 생각할 때까지 상대의 이야기를 상세하게 경청해 가는 것입니다.

③ 힘든 상황을 얘기할 때는 '어떻게 그렇게 되었는지요?' 라고 하는 대처의 질문과 격려의 말을 꺼낼 수 있으셨는지요?

꽤 어려웠을 거라고 생각하지만 이러한 점을 조금 의식하면서 면접을 거듭해 가다 보면 필요한 때에 자연스럽게 말을 꺼낼 수 있게 될 거라고 생각합니다.

(6) 질문의 요령

타임시트 면접에서 질문의 요령으로는 먼저 상대로부터 추상적인 말이 나올 때 구체적인 말로 바꿔 갑니다. 예를 들어, '제대로 잘 되어 있어요.'라는 말에 대해서는 앵무새대화법을 사용해 '제대로 라는 것은 어떤 것입니까?' 등으로 되풀이해 가면, 정확한 사실을 파악할 수 있습니다.

또한 '몇 번이고 큰소리를 낸다.'라는 말에 대해서는 '일주일에 몇 번 정도입니까? 하루 몇 번 정도입니까?'라고 수치화하여 사실을 파악하는 습관을 들이면 좋을 것입니다. 상대의 돌봄의 어려움을 구체적으로 파악할 수 있게 됩니다. 또한 척도질문을 사용하여 '최악일 때를 0점, 문제가 없을 때를 10점이라고 한다면 지금은 몇 점 정도일까요?'라고 질문하여 상대방이 지금 어느 정도의 괴로움에 있는지, 어떤 마음으로 있는지, 상대의 주관을 확인하는 것이 가능해집니다.

상황에 대한 말은 과거 · 현재 · 미래의 전망 속에서 질문하는 방법도 좋을 것입니다. 예를 들어, '그것은 언제부터입니까?' '이전과 비교해서 어떠한가요?' '앞으로 어떻게 될 것 같나요?' 등 다양한 시간 축에서 확인함으로써 현재와의 비교가 가능해집니다.

'더 나쁠 때는 어떠했나요?' '지금은 어떻게 노력하고 계신가요?' 등 능숙한 비교를 많이 사용하는 것도 하나의 방법이라고 생각합니다. 또한 상대의 마음이 움직이고 있을 때는 잠시 침묵을 활용한 후, 그것에 대해 초점을 맞추면 좋을 수도 있습니다. 이러한 요령을 활용해서 타임시트 면접의 역할놀이를 조금 더 계속해 봅시다.

포인트 50   질문의 요령 ①

추상적인 말이 나올 때 → 구체적으로

- 앵무새대화법으로 '제대로 라는 것은?'
- 수치화해서 '일주일에 몇 번 정도입니까?'
- 최악일 때를 0점, 문제가 없을 때를 10점이라고 한다면, 지금은 몇 점 정도일까요?

상황에 대한 말은 과거 · 현재 · 미래의 전망 속에서 듣는다.

- 그것은 언제부터입니까?
- 이전과 비교해서 어떠한가요?
- 앞으로 어떻게 될 것 같나요?
- 잠깐 사이에 24시간이 끝나 버릴 것 같은 경우는 식사메뉴, 쇼핑, 조리, 배식, 식사수발, 설거지, 복용 약 등 일련의 흐름으로 상세하게 묻는다.

포인트 51 **질문의 요령 ②**

지혜로운 비교를

• 더 나쁠 때는 어떠했나요?

• 지금은 어떻게 노력하고 계신가요?

마음이 움직이고 있을 때는 반드시 질문을

• 돌연히 침묵해 버리거나….

• 갑자기 어조가 급격하게 되었다.

• 울기 시작했다거나….

  – 지금 눈물을 흘리시는데, 무엇인가 떠오르는 것이 있었습니까? ▶ 이러한 것에 초점을 맞추면 "실은…" 등 순조롭지 않은 것, 위험한 것에 대한 에피소드를 끌어낼 수 있다.

  – 갑자기 기분이 바뀐 것처럼 느껴졌는데 무슨 일이 있었습니까?

(7) 면접의 '정리'

타임시트 면접이 어느 정도 진행된 경우 면접의 '정리'를 해 갑니다. 정리방법의 요령은 ① 요약, ② 격려, ③ 보충질문, ④ 긍정적인 부분을 앵무새대화법으로 반응하고, 자신이 느낀 점을 전달하는 순서로 실행하면 잘될 것입니다. 이 경우 듣는 사람이 새로운 무언가를 다시 정리한다기보다는 상대방이 한 말을 이어서 되풀이해 간다는 이미지가 중요합니다.

그러면 ①에서 ④까지 순차적으로 해 봅시다. 포인트 52의 정리방법을 예로 들었습니다. 참조하십시오.

정리의 예

정리 구성방법의 요령

- 요약
  - 이런 식으로 하루를 지내셨군요?
- 격려
  - 특히 ○○○한 점 등은 정말로 노력하셨다고 생각합니다.
- 보충질문
  - 어떻게 이런 것을 계속할 수 있었습니까?
  - 무엇이 지지가 되셨습니까?
- 긍정적인 부분을 앵무새대화법으로 반응하기, 자신이 어떻게 느꼈는지 전한다.
  - 자신을 격려하고, 가족의 웃는 얼굴을 위해서 해 오신 것이군요. 그 자세에 저는 마음이 움직였습니다.

정리를 함으로써 그 대화의 의의, 의미가 명확해진다.

(8) 회상

역할놀이는 어떠셨습니까? 정리까지 하셨나요? 끝까지 해 보고 가족역할을 한 사람은 어떤 기분이 되었나요? 관찰자들은 '이렇게 하면 더 좋았겠다.' 라는 부분이 있으셨나요? 그룹에서 토의해 보십시오.

5 섹션 4: 안심만들기 면접

안심만들기 면접은 3개의 영역이 있습니다. 각각에 대해 역할놀이를 해 보겠습니다.

(1) 사실의 확인과 예외 · 대처의 확인

그럼 안심만들기 면접을 실시해 봅시다. 등장인물은 지역포괄지원센터 사회복지사 또는 사회복지관계자, 그리고 둘째 딸 사토코씨입니다. 다른 분은 관찰자가 되어 주십시오.

먼저, 방금 전의 타임시트 면접에서 밝혀진 사실 중에 구체적으로 실제 일어난 사실을 확인해 갑니다. 그리고 다음으로 '예외'나 '대처'에 관해 물어봅시다. 질문하는 방법으로는 '문제가 조금이라도 괜찮아졌던 때가 있었나요?' '문제가 일어나지 않았던 적은 있었나요?' '어떤 식으로 대처하고 계신가요?' 등이 좋습니다.

지금까지의 부분에서 의문점, 발견된 점, 좋았던 점을 그룹에서 공유하여 보십시오.

여기서 문제와 '예외' '대처'를 취급할 때의 주의점에 대해 간단히 설명하겠습니다. 우선 무엇인가 중대한 문제가 밝혀진 경우에 문제 그 자체에 대해서는 단호한 태도를 취해 주십시오. 그렇다고는 해도 '나빴던' 것을 일부러 반복해서 강조할 필요는 없습니다. 그 다음에는 반드시 '예외' '대처'에 대해 끈질기게 질문을 거듭해 주십시오.

많은 가족은 자기 자신이 '예외'나 '대처'할 수 있는 것에 대해 과소평가하고 있는 경우가 많고, 그러한 과소평가의 자세가 바람직한 행동을 실현하는 것의 폐해가 되고 있는 경우가 많습니다. '예외'나 '대처'는 반드시 있을 것이므로, 상대의 힘을 믿고 끈질기게 질문을 계속해 주십시오. 이러한 자세가 상대의 변화를 이

문제와 '예외' · '대처' 에 대해 상의하다

문제패턴과 '예외' · '대처'에 대해 물어봅시다.

• 문제 그 자체에 대해서는 단호하고, 객관적인 '계기, 행동, 결과'를 말합시다.

➡ 다만 '나빴던' 것을 일부러 반복해서 강조할 필요는 없습니다.

예외에 대해 물어봅시다.

• 문제가 일어나지 않는 때는? 괜찮았을 때는?

대처방법에 대해 물어봅시다.

• 문제에 어떻게 대처하고 있습니까?

• 문제가 일어나지 않도록, 조금이라도 더 나빠지지 않도록 어떻게 해보려고 생각하고 있습니까?

'예외'나 '대처'에 대해서는 끈질기게 물어봅시다.

• 과소평가하고 있는 경우가 많고, 그것이 바람직한 행동을 실현하는 폐해가 되고 있는 경우가 많습니다.

• '예외'나 '대처'가 반드시 있을 것이라 확신하고 그것을 찾는 것은 가해자의 변화를 이끌어 내는 원동력이 됩니다.

끌어 내고, 격려가 될 것입니다.

(2) 자원의 탐색

계속해서 두 번째 영역입니다. 여기서는 상대의 역사, 가치관, 네트워크에 대해 질문해 갑니다. 구체적인 질문의 예를 소개하겠습니다.

역사에 대해서는 "혹시 괜찮으시다면 이야기해 주시지 않겠습니까? 어머니의 수발을 시작하고부터 몇 년입니까? 어떤 일이 있었나요? 손자는? 경제적으로도 신체적으로도 어렵지는 않았는지요?" 등 물어봐 주십시오.

가치관에 대해서는 "날마다 압도되는 듯한 생활 중에서 '이것만은 소중히 해야지.'라고 생각하고 노력해 온 것이 있나요?"라고 하는 질문 등은 어떠신가요?

네트워크에 대해서는 "지지해 주는 사람들은? 공식적인가요? 비공식적인가요? 어떻습니까? 각각의 분들은 당신에게 어떤 의미를 가지고 있습니까?" 등입니다.

이러한 질문을 거듭해 가면 상대의 역사, 가치관, 네트워크에 관해서 더 깊은 이해를 할 수 있습니다.

그러면 지금까지의 역할놀이에 대한 의문점, 깨달은 점, 좋았던 점, 발견된 사항에 대해 각 그룹에서 공유하여 보십시오.

 연습 14   자원을 탐색하는 역할놀이

역사, 지금까지의 발자취를 물으면서 강점이나 자원을 찾아봅시다.
- 혹시 괜찮으시다면… 어머니의 수발을 시작하고부터 몇 년입니까? 어떤 일이 있었나요? 손자는? 경제적으로도 신체적으로도 어렵지는 않지요?

가치관에 대해서 묻고, 존중해야 할 점을 찾아봅시다.
- 날마다 압도되는 듯한 생활 속에서 이것만은 소중히 해야지라고 생각하고 노력해 온 것이 있나요?

네트워크에 대해서 묻고, 현재의 자원이나 강점을 찾아봅시다.
- 지지해 주는 사람들은? 공식적인가요? 비공식적인가요?
- 각각의 분들은 당신에게 어떠한 의미를 가지고 있습니까?

(3) 바람직한 미래의 모습(상태)

계속해서 바람직한 미래의 모습(상태)에 관한 토론입니다. 질문의 예는 다음과 같습니다. 지역포괄지원센터 사회복지사 역할과 사토코씨 역할의 사람이 실시합니다. 어려운 경우에는 문장을 그대로 읽어도 괜찮습니다.

"지금부터 좀 색다르고 어려운 질문을 하겠습니다. 이런 것을 생각하면 안 되는 것인지도 모르겠습니다. 조금 머리를 쓸지도 모릅니다. 조금 생각해 봐 주시겠습니까? 아키코씨는 앞으로도 젊음을 되찾는 것은 어려울지도 모르지만, 그래도 만약이라도 좋으니 아키코씨도, 사토코씨도, 타츠오씨도 조금이라도 진정되어 편안한 시간을 보낼 수 있게 되었다고 상상해 보세요. 그때 당신은 어디에서 무엇을 하고 있으실까요? 지금과 무엇이 다를까요?(상대의 대답을 되풀이하여) 그러신가요? 그때부터? 다른 것은? 그 뒤는 어떻게 될까요?"

어떠셨습니까? 바람직한 미래 상태의 모습을 정중하게 이야기하는 것이 가능하셨나요? 여기까지 진행되면 다음은 아래의 추가질문을 해 주세요.

"바람직한 미래 모습(상태)을 10점, 반대로 생각할 수 있는 최악의 상황, 예를 들어 사토코씨가 아키코씨에게 폭력을 휘둘러 사건이 되거나, 타츠오씨가 폭력을 휘두르는 것처럼 된 상태를 1점이라고 한다면, 지금의 상태는 몇 점 정도라고 생각하시나요?"

"혹시, 지금의 상태에서 1점이 오른다고 한다면, 그것은 지금과는 어떤 점이 다르다고 생각하시나요?"

 바람직한 미래에 대한 역할놀이

바람직한 미래에 대하여 질문지를 읽어 봅시다.
• 바람직한 먼 미래의 모습(상태)을 서로 이야기해 봅시다(최소한 10분).
• 그것을 위해 무엇이 가능한지, 거기에 가까워지기 위해 어떤 것이 가능한지, 추가 질문에 도전해 보세요.

(4) 회상과 정리

그럼 지금까지의 역할놀이에 대한 의문점, 깨달은 점, 좋았던 점, 발견한 점에 대해 각 그룹에서 공유해 보십시오.

그럼 드디어 정리요약입니다. 반복하지만 면접의 마지막에 정리한 것을 상대에게 전하는 것은 면접기법의 기본입니다. 역할이 차례차례 교체되고 있다고는 생각하지만, 마지막 요약 메시지를 전달해 봅시다.

정리의 요령으로는 ① 문제의 예외 · 대처, ② 지금까지의 역사 · 가치관 · 자원, ③ 바람직한 미래의 상태, 그것을 향한 한 걸음, ④ 사회복지사가 안고 있던 감상, 느낌의 순서대로 말을 이어갈 수 있도록 상대방에게 되풀이해 주십시오.

그렇지만 이 '안심만들기 면접' 을 한 번에 전부 다 진행할 필요는 없습니다. 대상자 가족의 관계성이 있기 때문에 순서대로 이루어지지 않아도 됩니다. 유연하게 대응하십시오.

사회복지사에게는 문제중심의 사고로부터 '예외'나 '대처'에 눈을 돌려 '자원'을 탐구하고 '희망'과 '과제'를 찾아 간다고 하는 매우 폭넓은 내용이 포함되어 있어 힘들게 생각될지도 모릅니다. 그러나 대상자와 가족이 '안심하고 생활하는 삶'을 만들어 가기 위해, 이 세 가지 요소를 논의한다는 것은 매우 중요하고 불가결한 일입니다. 어떠한 형태로든 서로 논의해 보십시오.

 정리와 요약

면접의 마지막에 정리한 것을 전달합시다.

정리의 구성은 다음과 같습니다.
- 문제와 예외, 대처
- 지금까지의 역사, 가치관, 그 밖의 자원
- 바람직한 미래의 모습(상태), 그것을 향한 작은 한걸음
- 사회복지사가 갖는 감상(느낌)

6 AAA식 사례회의

(1) 역할놀이로의 사례회의

그러면, 아키바씨의 사례를 이용하여 모의 사례회의를 진행해 봅시다. 앞의 정리를 화이트보드에 기록해 가면서 진행하는 형식입니다.

역할분담에 따라 가상 사례회의를 실시합시다. 구체적인 진행방식, 절차는 제6장을 참조해 주시고, 개략적인 흐름은 다음과 같습니다.

① 역할분담

지역포괄지원센터 사회복지사, 사회복지관계자, 주간보호센터 직원, 기록원 (진행자 겸임). 이때 아키코씨와 사토코씨도 동석해 있다고 하는 설정에서 실시하는 것도 가능합니다.

② 상황의 인식

가계도가 포함된 생태도를 준비하고, 기본속성과 지원경과의 개요에 대해서 간단하게 써 봅시다. 또한 관계자의 '바라본 느낌'을 추가하면 더욱 좋습니다.

③ 가정의 상황

어떤 가족일까? 각각 파악하고 있는 상황을 서로 끄집어 내봅시다. 제각각의 의견이 나올 것이라고 생각하지만 기록담당은 정리해서 써 내도록 합니다.

이미 되어 있는 것, 잘 되어 가고 있는 것, 노력하고 있는 것, 실제로 일어난 어려움·위험·문제, 걱정되는 것과 그 근거 등과 같이 정리하면 알기 쉬울 것입니다.

④ 지금까지의 지원에 대한 회상

누군가에 의해서 잘된 것, 도움이 된 것, 지원 중에서 궁리해 봤지만 실패라고 생각하는 것 등을 정리합니다. 또한 사회복지사의 내외에 있는 자원은 어떤 작은 것 하나라도 나열해 보십시오. 도전하고 싶은 마음, 열의 등도 중요한 자원입니다.

⑤ 현황의 평가

회의에 참가하고 있는 모든 사람으로부터 현황의 평가를 들어 봅시다. 0점은 '사건발생 즉시 분리조치개입'으로 하고, 10점은 '학대사례지만 지원은 불필요'라고 한다면 현황은 몇 점일까요? 대상자나 가족의 한 사람으로 각각 어떻게 취급받고 있을까를 상상하면서 생각해 봅시다.

⑥ 어떻게 하는 것이 좋을까

아키코씨, 사토코씨, 타츠오씨는 어떻게 되는 것이 좋을까요? 또는 사회복지사와는 어떤 관계가 되면 좋을까요?

사회복지사의 목표는 자칫하면 '서비스의 이용' 이 되기 쉽지만 그것은 어디까지나 수단에 지나지 않습니다. 아키코씨, 사토코씨라면 서비스를 이용한 결과가 어떻게 되는 것이 좋을까까지 생각해 봐야 합니다.

⑦ 무엇인가 일어날 필요가 있는가

상기의 ⑥에서 그려진 먼 목표를 향해 가기 위해서는 무엇이 일어날 필요가 있는지 서로 이야기해 봅시다. 그것을 위해 가능한 아이디어는 무엇이 있을까요? 과거에 체험한 유사한 사례, 교과서, 실패체험 등에서 아이디어를 끌어내 갑니다.

⑧ 생각한 것의 공유

서로 상의를 통해서 무엇을 생각했습니까? 느낀 것, 공부한 것, 실천에 활용하고 싶다고 생각한 것을 서로 이야기해 봅시다. 사례회의 때는 참가자 전원이 말하는 것을 모으는 일은 각자의 실천을 돌아보는 데 매우 유용합니다.

⑨ 사례회의의 회상

좋았던 점, 나빴던 점, 의문으로 생각한 점, 이렇게 하는 것이 좋다고 생각한 점 등을 회상해 봅시다.

(2) 화이트보드를 활용

사례회의에 대한 역할놀이의 경우에도 화이트보드나 모조지를 활용하여 사례에 관한 데이터와 토론을 메모해서 공유하십시오.

역할놀이에서 다룬 아키바씨의 사례에 대해 어떤 연수에서 작성된 한 예의 메모 사진([그림 6-1])을 참고해 주십시오.

7 AAA의 실천

마지막으로 AAA의 실천에 대해서 정리하겠습니다.

AAA는 조기발견·조기개입을 의식해서, 어떤 단계부터도 사용할 수 있는 접근법입니다. 즉, 신체적 학대가 발생한 뒤라도, 정신적인 학대가 의심스러운 단계에서도 사용할 수 있습니다. 특히 가족 전체의 지원을 의식해서 대상자만이 아니고, 학대하는 가족을 포함한 협동관계를 구축해 가려고 하는 방식입니다. 그리고 협동관계를 구축하기 위하여 리스크 요인과 강점의 쌍방을 모두 보고 균형 잡힌 시각을 중요시하면서 관계를 지속해 가고자 하는 것입니다.

(1) AAA 실천의 실제

이러한 특징을 가진 AAA는 응용범위도 넓고, 또 희망을 가질 수 있는 접근이기는 하지만, 어떠한 때라도 명쾌한 최고의 방법이라고는 할 수 없습니다.

도대체 '노인을 학대하고 있을지도 몰라.'라고 하는 상황 자체가 명쾌할 수 있다는 환경이라고 할 수 없습니다. 오히려 학대일지도 모른다는 장면에서 어느 하나의 사고방식을 고집하면 '명쾌'할 수는 있지만, 실제는 훨씬 위험할지도 모릅니다. 대상자의 생각하는 힘을 잃게 할 가능성이 있기 때문입니다. 그렇기 때문에 AAA를 사용해도, 어떻게 지원하는 것이 좋을지, 하나하나의 장면에서 머리를 감싸고 고민하는 것은 계속될 것입니다. 이용자 한 사람 한 사람을 소중히 생각하는 사회복지사라면 이 고민은 필연적인 것입니다.

그러나 AAA를 실천한다는 것은 어려운 상황 중에서 최선을 다할 수 있습니다. 특히 '안심만들기'나 '사례회의'까지 AAA의 방식으로 행하는 것이 가능하면 상황을 다면적인 측면에서 분석할 수 있기 때문에 최선을 다하는 방법과 정책도 넓어지고, '아무것도 할 수 없다.'에서 '무엇인가 할 수 있다.'로 변할 가능성이 있습니다.

경우에 따라서는 '다만 기다린다.' 밖에 할 수 없는 상황일지도 모릅니다. 그러나 이때의 '기다린다'라는 것은 AAA를 사용하지 않는 경우에 무력감에 가득 차 '최악을 기다린다.'라는 의미는 아닙니다. 즉, '최악이 되지 않도록, 최악이 되기 전에 신호를 주의 깊게 관찰하고, 최악이 되기 전에 개입한다.'는 것이고, '이미 가능성이 있는 좋은 사인이 보다 명확하도록 기다리는' 것이 되기 때문입니다. 즉, '때'라고 하는 자원을 활용해서 다 직종의 협력으로 적극적으로 지켜보면서 '기다리는' 것으로, 상황을 악화시키지 않도록 관계하는 것이 가능합니다.

어떠한 상황 속에서도 '기회를 잡고 필요한 서비스를 제공한다.'고 하는 자세가 중요합니다.

(2) 큰 변화보다 작은 변화의 지속을

AAA를 활용하는 것으로 때에 따라서는 큰 변화가 발생하는 것도 있습니다만, 대개의 경우는 그리 간단하지 않습니다. 강점을 찾아간다고 해도, 매번 같은 내용으로 자신의 상대에게 전달하는 칭찬도 매번 같은 것이라고 느끼게 되면 점점 자신의 지원이, 이것이 좋은가 등 불안하게 생각되어 더 큰 변화로 옮겨 버리려고 합니다.

그러한 때에는 사례회의를 신중하게 실시하고, 자신의 지원을 다른 관점에서 재평가해 주십시오. 그리고 지금까지 지원한 것 중에 발생한 나쁘지 않은 것은 결코 없애지 않도록 해 주십시오.

큰 바람직한 변화를 일으키려고 하다가 결과적으로 지금 있는 좋은 것을 망쳐 버리기도 하고, 아무것도 할 수 없게 되어 버리는 경우도 있습니다. 어떤 상황 속에서도 '지속은 힘이 된다.'라는 말이 있는 것처럼 지금 할 수 있는 나쁘지 않은 관계는 극히 작은 것이라도 계속해 주십시오. 그리고 작고 작은 어떤 것을 계속하고, 좋은 변화가 언제 일어나도 괜찮도록 준비해 두는 것이 중요합니다.

희망을 잃지 않고 꾸준하게 다각적인 시각으로 관계를 지속함으로써 반드시 좋은 전개로의 실마리가 보이게 될 것입니다. AAA의 효과를 실감하기 위해서는 사회복지사가 포기하지 않는 것이 무엇보다 중요합니다.

매일매일의 작은 실천이 반드시 열매로 연결될 것입니다. 꼭 그러한 체험을 해 주시기 바랍니다.

자료

〈자료 1〉 상담 · 신고 시 면접 시나리오(역할놀이용)

(2010년 2월 X일 오전 9시 지역포괄지원센터의 전화벨이 울림)

지역포괄지원센터: 안녕하세요. 지역포괄지원센터 ○○○입니다.

상담 · 신고자: 이상한 일이 일어나서 그러는데, 거기에 말하면 되는 거죠?

지역포괄지원센터: 네? 무슨 일 있으셨나요?

상담 · 신고자: 이상한 일이 일어나서 어쩐지 신경이 쓰여서요.

지역포괄지원센터: 이상한 일, 신경이 쓰이는 것이 있어서 전화 주신 것이군요. 감사합니다. 어떠한 일이신지요? 이야기해 주실 수 있나요?

상담 · 신고자: 근처에서 일어난 일인데요, 치매가 있는 할머니가 계셔서. 이세씨라고하는데요. 맞다, 대성동 1번지예요. 아들이 정말 함부로 대하고 있어요.

지역포괄지원센터: 〈상담 · 신고자의 말을 그대로 사용하고 상황을 좀 더 자세하게 확인하기위한 질문을 해 주세요.〉

상담 · 신고자: 치매가 있어서 어쩔 수 없는데, 아들은 치료하라고 하고, 집안에 이상한 기계를 구입하고, 아 있잖아요. 자주 운동하는 센터에 있는 거, 계속 열심히하도록 시키고 있나 봐요. 그리고 색칠공부? 잘은 모르지만, 그림을 그리게 하고있는 듯해요. 참나.

지역포괄지원센터: 그렇습니까? 그런 일이 있었군요. 잘 아시는 분인가요?

상담 · 신고자: 그렇다니까요. 옆집의 옆집이죠. 아들과 둘이서 살고 있는 할머니인데,최근 갑자기 치매가 심해져서 그런지, 말이 통하지 않을 때가 있다니까요. 그래서 아들이 안절부절못하고 있다고나 할까요…….

지역포괄지원센터: 〈여기에서도 상담 · 신고자의 말을 사용하여 상황을 더욱 자세하게 물어보세요.〉

상담 · 신고자: 큰 소리로 고함치거나 해서, 근처에서도 걱정하고 있어서 이웃분과 이야기해 본 뒤 이렇게 된 거예요.

지역포괄지원센터: 〈상담 · 신고해 주신 것을 격려하며 감사의 인사를 해 주세요.〉 그래서 조금 더 말씀해 주실 수 있으신가요? 지금 시간 괜찮으신가요?

상담 · 신고자: 아, 괜찮아요. 안 그래도 그러려고 했어요.

지역포괄지원센터: 감사합니다. 그런데 이분들은 두 분이서 생활하고 계신가요?

상담 · 신고자: 네. 아들과 둘이서요. 아들이 한 명 더 있었는데, 오래전부터 소식이 없
　　다고 이야기했어요.

지역포괄지원센터: 두 사람의 관계는 어떤가요? 원래는 좋은 관계였다든지, 뭔가 알고
　　있다면 가르쳐 주시겠습니까?

상담 · 신고자: 원래? 음, 지금은 최악이라는 느낌이지만. 아, 옛날? 그러고 보니, 언
　　제였지? 노인의 날에 우리는 식사준비를 하고 식사모임을 하고 있는데, 그곳에
　　온 적이 있어요. 하나코씨가 그때, 아들이 골라준 스웨터라고 자랑해서, 장미의
　　자수가 놓여 있는 스웨터를 입고 와서, 그게 뭐, '세련된 모양이어서, 세련된 아
　　들이네요.'라고 말한 적이 있어요.

지역포괄지원센터: 〈앞에서 말한 것에서 아들의 강점, 장점을 확인할 수 있는 말을 해 보세
　　요.〉

상담 · 신고자: 그 시절에는 치매 같은 건 없었다니까요.

─────────────역할을 바꿔 봅시다─────────────

지역포괄지원센터: 치매가 나타나기 시작한 것은 언제쯤인가요?

상담 · 신고자: 글쎄, 5~6년 전인가? 아니, 우리 남편이 수술했을 무렵이니까, 7년 전
　　인가? 더 지났으려나. 그때부터 왠지 동네에서 정리가 잘 안 된다는 이야기를 하
　　거나, 그 근처에서 집을 잃어 버렸거나. 맞아, 집에서 작은 화재를 내거나 해서.
　　그 당시에는 아직 아들도 일을 하고 있었어요. 성실한 회사원이었지요. 하지만
　　도중에 어머니가 집을 찾을 수 없게 되었고, 그래서 도중에 아들이 직장을 그만
　　두고 수발을 하게 된 거죠.

지역포괄지원센터: 그렇군요. 7년 전부터라면 힘들었겠네요.

상담 · 신고자: 그런데요, '힘들죠?'라고 때때로 말을 걸어도 오히려 화난 얼굴로 '어
　　머니를 위해서 하고 있는 거니까 힘든 것 따위 없어요.'라고 맞받아치는 거 있
　　죠. 뭐랄까, '내가 낫게 해 줄 거니까'와 같은 것을 자주 말하고 있는 듯해요. 이
　　건 내가 들은 게 아니지만.

지역포괄지원센터: 그렇군요. 자신이 낫게 한다고 말하고 계신 거군요.

상담·신고자: 그래서 무리한 걸 많이 시키고 있다고 생각해요.

지역포괄지원센터: 엄마의 병을 고쳐 주고 싶다는 마음이 매우 강한 편이군요. 아들의 좋은 점은 그 외에 어떤 것이 있을까요?

상담·신고자: 맞아, 뭐 원래 저런 스웨터도 사주는 아들이니까……. 그 부인 살갗이 희고, 정말 젊었을 때는 예뻐서, 분명 자랑스러운 어머니였을 거예요. 아들에게도요. 그런데 이렇게 된 거죠. 그게 요전에도, (소리를 낮추고) 큰 것(대변)을 실수해 버려서, 그대로 정원 옆에서 우왕좌왕하고 있었던 거예요. 그것을 아들이 찾아 큰소리로 꾸짖으며 손을 잡고 억지로 끌고 집으로 데리고 돌아간 적이 있어요. 그 후 고함소리가 계속되는데, 들을 수가 없었어요.

지역포괄지원센터: 그랬습니까? 그런데 이분들은 여러분과 같은……. 아, 죄송합니다, 제가 아직 이름을 여쭤 보지 않아서.

상담·신고자: 아, 저는 나카노예요.

지역포괄지원센터: 실례했습니다. 나카노씨처럼 걱정해 주고 있는 분들이 많이 계신 건가요?

상담·신고자: 통장의 하타노씨랑, 우리 집, 또 옆집의 세다씨 정도? 모두 걱정하고 있어요.

지역포괄지원센터: 서비스라든지, 뭔가 이용하고 있는 것일까요?

상담·신고자: 때때로 도우미라는 사람이 와 있으니까, 장기요양보험? 그런 것을 이용하고 있는 게 아닐까요?

지역포괄지원센터: 그렇군요. 잘됐네요. 그 후로 아드님은 수발에 대해서는 자세하게 알고 계신 걸까요?

상담·신고자: 글쎄요, 어떨까요, 의욕은 있지만 좀처럼 따라 잡지 못하고 있는 것은 아닌가요? 역시 노망이 나 있는 것은 큰일이네요. 나도 어머니를 보살폈으니 알아요.

지역포괄지원센터: 〈상담·신고자인 나카노씨의 상황을 근거로 하여 전화 주신 것에 감사인사를 하고, 향후 대응전망에 대해 전합시다.〉

〈또, 앞으로의 협력을 의뢰해 봅시다.〉

상담·신고자: 맞아, 나도 너무 주제넘게 참견하고 싶지 않고, 그쪽에 맡길게요. 거기다, 맞다, 이웃이니까, 내가 전화했다는 것은 절대로 비밀로 해 주지 않으면 곤란해요.

지역포괄지원센터: 〈앞으로 별로 관여하고 싶지 않다고 생각하고 있으므로 비밀보장에 대한 약속을 하고, 또 무슨 일이 있으면 전화해 주시도록 부탁합니다.〉

상담·신고자: 그럼 부탁드릴게요.

지역포괄지원센터: 오늘 정말 감사합니다.

〈자료 2〉 안심만들기 대화 시나리오(이세 카즈오씨의 경우)

사회복지사: 저번에 날마다 어머니를 돌보는 중에 초조해하거나 고함을 쳐버리는 경우가 있다고 들었는데요. 고함치는 소리를 들으시는 어머니의 일도 물론 걱정입니다만, 그 얘기를 했을 때의 카즈오씨 자신도 정말 힘든 것 같은 괴로운 표정을 하신 것이 신경 쓰였습니다.

카즈오: 아니 별로, 어쩔 수 없으니까요.

사회복지사: 그래도 잘 참고 계시는군요. 어머니가 좋아하는 것으로 먹기 쉽도록 잘게 썰고, 매일 몇 번이나 기저귀를 가시고 하는 등 정말 진심으로 보살피고 계시는 분이기에, 우리들도 뭔가 더 할 수 있던 것은 아닐까 몹시 후회하고 있습니다. 뭔가, 향후에 카즈오씨가 어머니께 고함치거나 하는 일이 없도록, 또한 어머님도 카즈오씨에게 위협을 느끼거나 하는 일이 없도록, 조금이라도 저희들이 도와드릴 일은 없을까요?

카즈오: 도움이라고 말해도……. 딱히 무언가 할 수 있는 것도 아니고.

사회복지사: 글쎄, 죄송하지만 확실히 지금 '이것저것을 해 주세요.' 라고 이쪽에서 말씀드릴 수 있는 것은 아닙니다. 카즈오씨와 어머님의 일을 조금 더 잘 알고 있지 않은 상태에서 이런저런 제안 등을 해도 요점을 벗어나는 일이 될 것이라고 생각합니다. 대단히 죄송하지만, 아무쪼록 협력을 부탁드릴 수 있을까요? 우리들은 어머니와 카즈오씨 쌍방이 안심하고 생활할 수 있도록 하는 것이 업무이므로, 담당 사회복지사와 함께 꼭 무엇인가 도와드릴 것을 생각한다면 좋을 것 같습니다.

카즈오: 협력이란 말이죠.

사회복지사: 조금 더, 상황을 확인시켜 드려도 괜찮을까요? 얼마 전 갑자기 초조해져서 고함을 질러 버린 적이 있다는 것입니다. (타임시트를 함께 보면서) 점심 때 퍼즐 맞추기를 할 때나, 한밤중 기저귀를 갈 때 등이었습니다. 예를 들어, 한밤중에 기저귀 갈 때입니다만, 장황하게 불평을 들어 버리면 무심코 안절부절못해 버리는 경우가 있다는 것이었지요?

카즈오: 그런 때도 있었다는 것으로 해 주세요.

사회복지사: 그렇군요. 매일 그런 식으로 몸이 가루가 되도록 열중하시면, 과연 한밤중

에는 피로가 쌓여 안절부절못해 버리는 것도 당연한 일일지도 모릅니다. 그
래도 매일 그러는 것은 아니지요? 평소에는 밤에 지친 시간을 어떻게 견디고
계신 건가요?

카즈오: 참고 견디는 것?

사회복지사: 어머니는 항상 침착하시고, 되풀이해서 말하고 계시지 않나요?

카즈오: 네, 그런 날도 있어요.

사회복지사: 어떤 날은 어머니가 침착하게 지내시기도 하지요?

카즈오: 네? 잘 모르겠어요.

사회복지사: 그런 날은 일주일에 며칠 정도인가요?

카즈오: 음…….

사회복지사: 실례지만, 그럼 최근이라고 한다면 언제일까요?

카즈오: 음, 맞다, 그저께인가? 그 전날인가? 비교적 따뜻한 날인가? 어제의 경우에는
힘들었어요. 밤에 또 추워져서, 방이 이렇다 저렇다라든가, 또는 더러워졌다
든가, 조금 힘들었어요.

사회복지사: 그렇군요. 밤에 추우면 힘들겠지만, 따뜻해지면 비교적 상태가 좋아지는
느낌이었나요?

카즈오: 그럴지도 모르겠네요.

사회복지사: 비교적 상태가 좋은 날, 온화한 날과 어제처럼 힘들거나 이전처럼 고함쳐
버리는 일 중에는 어느 쪽이 많은 느낌입니까?

카즈오: 음……. 반반 정도일까?

사회복지사: 그렇군요, 절반 정도는 나쁘지 않은 날도 있다는 거네요. 그런 날은 예를
들면 따뜻한 날입니까?

카즈오: 그렇지요.

사회복지사: 그 외에는 어떨까요? 어머니가 조금이라도 온화한 밤을 맞이할 수 있도록
카즈오씨가 생각하고 있는 것들은 있나요?

카즈오: 생각이라고 해도 말이죠. 안 되는 경우는 안 돼요. 어쩔 수 없는 것입니다. 부
모잖아요. 이쪽이 참을 수밖에 없어요.

사회복지사: 부모니까라고 자신을 타일러서 참고 계시는군요. 대개 항상 그렇게 참고
계시는 건가요?

카즈오: 뭐 그렇지요. 이렇게 할 수밖에 없으니까.

사회복지사: 그런 카즈오씨에게 도움을 주거나 지지해 주거나 하는 사람은 있습니까? 예를 들어 요양보호사 등은 있어요?

카즈오: 요양보호사요? 뭐 어머니는 상대해 주니까 즐거워하시는 것 같지만. 요양보호사가 상대해 주는 동안 쇼핑을 할 수 있는 정도네요.

사회복지사: 쇼핑하시는 동안은 한숨 돌릴 수 있나요?

카즈오: 아니, 여러 가지를 대량구매해서 서둘러 돌아가지 않으면 걱정되니까, 그렇게 한가로이 있을 수도 없어요.

사회복지사: 그렇군요……. 이웃들과의 관계는 어떤가요?

카즈오: 음, 그래요. 근처의 진씨가 가끔 저녁 반찬을 나누어 주는데요, 뭐 그것은 확실히 고맙죠. 요리는 어떻게 해도 어려우니까.

사회복지사: 그렇군요, 근처의 진씨가 반찬을, 감사하네요. 그 밖에도 '이런 날은 비교적 기분 좋게 보낼 수 있어.'라든지, '참기 쉬워.'라든지, 또 있나요? '맛있는 밥을 먹었다.'든지, '푹 잔 날은 조금 기분이 좋다.'든가?

카즈오: 글쎄, 나도 가끔 밤에 술을 마신다거나, 다음 날 아침 늦게까지 늦잠을 자거나 하면, 조금 미안하다는 기분이 되니까 참는다고나 할까, 뭐 피차일반인 기분이 될 때가 있지요.

사회복지사: 늦잠을 잘 수 있는 정도라면 좋겠네요. 그 밖에도 뭔가 짐작 가는 것이 있으면 언제든지 알려주세요.

———————————역할을 바꿔 봅시다———————————

사회복지사: 지금까지 어머니의 수발은 계속 카즈오씨가 혼자서 해 왔다는 것이네요? 몇 년 전부터인가요?

카즈오: 벌써 7년 정도가 됐네요. 아버지를 여의고, 어머니가 급격히 주저앉아 버려서 집안 살림 등을 전혀 할 수 없게 되시고, 결국 그 무렵에 일을 그만두고 수발에 전념하게 된 거죠.

사회복지사: 무슨 일을 하고 계셨나요?

카즈오: 영업입니다. 자신의 제품을 슈퍼나 도매상에 납품하는 직장에서 열심히 일하

고 있었는데요. 출장 등도 많은 일이었기 때문에, 왔다 갔다 하면서 부모를 돌
보는 것은 한계가 있었습니다.

사회복지사: 오랜 경력을 버리는 것은 아깝지 않았나요?

카즈오: 그건 당연히 아쉬웠죠. 그렇지만 회사도 불황으로 영업일도 점점 어려워지고
있었던 시기였고, 희망퇴직을 모집하고 있었기에 딱 좋다고 생각하고 그만뒀
어요.

사회복지사: 딱 좋은 희망퇴직이었지만, 그럼에도 불구하고 영업의 일로부터 갑자기
집안일과 어머니를 돌보는 생활로 변화한 것이 힘들지는 않았나요?

카즈오: 그건 큰일이었지요, 역시. 그렇지만 처음에는 어머니도 조금 건강하셔서 요리
라든지 알려 주셨으니까요. 가사나 수발이라고 하더라도 일과 같은 것이라고
생각합니다. 처음은 잘 몰랐지만 조사하거나 연구하거나 하면 잘할 수 있게
되는 것이죠.

사회복지사: 그렇게 연구해서 열심히 해올 수 있었던 거군요. 서비스를 좀 더 이용해
본다고 생각한 적은 없으신가요?

카즈오: 없네요. 아니, 아버지의 장례식 때라든가, 친척으로부터 시설밖에 없다라든
가 하는 말을 많이 들었습니다만. 시설이라고 해도 괜찮은 곳도 없고, 어머니
도 집을 떠나지 않으려 하고, 아버지와 추억도 있다고 말해서요. 그래서 내가
어머니를 집에서 수발한다는 각오로 일을 그만둔 것입니다. 어머니도 무척
기뻐하셨어요. 둘이서 열심히 노력해 온 거거든요.

사회복지사: 그런 일이 있었군요. 집에서 마지막까지 어머니와 생활하고 싶다고 하는
강한 바람이 있는 것이군요. 그런 가운데, 어머니의 상태가 점점 악화되어 가
는 것이 매우 힘들게 느껴지지는 않으신가요?

카즈오: 확실히 힘드네요. 열심히 노력하고 있지만, 좀처럼 좋아지지 않으니까. 그런
데 요양보호사의 경우에는 어머니를 응석부리게 하니까, 점점 쇠약해져 버리
는 것이 아닌가라고 생각하지만 저는 가족이니까, 제대로 엄하게 대하는 것
도 가능하기 때문에 어머니에게도 확실하게 하고 있다고 생각합니다.

사회복지사: 조금이라도 어머니께 도움이 되고 싶다고 하는 기분이군요. 어머니의 상
태에 대해서, 병원의 의사 선생님은 뭐라고 말씀하시나요?

카즈오: 쿠보타 내과의 선생님은, '역시 고령이라 이곳저곳 상태가 나빠지기 쉽지만,

할 수 있는 것은 해나갑시다.' 라고 했어요.

사회복지사: 어머니가 다니고 계시는 것은 내과뿐입니까?

카즈오: 전에 사회복지사의 권유로 신경과에 가본 적이 있지만, 엄청 기다린 결과 '뺄셈이나 물건을 감추는 것이 있습니까?' 하는 등 그런 바보 같은 검사를 하고, '결국 치매입니다.' 라고 하는 것뿐이었습니다. '나을 수 있는 건가요?' 라고 묻자, '낫지 않는다.' 고 하니까 왠지 바보 취급을 당한다고 생각하게 되었고, 더 이상 다니고 있지는 않아요.

사회복지사: 그런 과정이 있었군요. 쿠보타 내과는 계속 다니고 계신 건가요?

카즈오: 그렇죠. 뭐 계속. 제가 어렸을 때부터 큰원장님 때부터 다니고 있어요. 지금은 그 아들이 원장이지만. 어머니가 갈 때는 가끔 큰원장님이 나오기도 해요. 고맙죠.

사회복지사: (끄덕) 지금의 원장님도 카즈오씨의 이야기를 잘 들어주고 계신가요?

카즈오: 그렇지요. '가능한 것을 함께 봐 갑시다.' 라고 여러 가지 알려 주니까 감사하죠.

사회복지사: 그렇군요.

─────────────역할을 바꿔 봅시다─────────────

사회복지사: 카즈오씨는 계속 어머니를 지지하고 싶다고 전력을 다하고 계시지만, 그래도 가끔 어머니에 대해 초조해하거나 고함쳐 버리거나 하는 것이 있다면, 정말 괴롭겠다고 생각합니다. 카즈오씨도 어머니도 두 사람 모두가 안심하고 안절부절하지 않는 생활을 할 수 있게 되기 위해서는 무엇이 일어날 필요가 있다고 생각하십니까?

카즈오: 글쎄요……. 그렇다면 역시 어머니가 건강해지시는 것이 제일이네요. 이제 나이도 나이고, 몸이 생각처럼 움직이지 않는 것은 알지만, 적어도 건강하고 활기찬 느낌으로 계서 주시길 바라고 있어요.

사회복지사: 건강하게 활기찬 느낌이라고 하면?

카즈오: 나이가 있기 때문에, 할 수 없는 일이 늘어가는 것은 어쩔 수 없어요. 물건을 기억할 수 없게 되는 것은 어쩔 수 없어요. 그런데 잘 모르는 것을 되뇌거나, 투덜대며 속상한 말만 하는 것이 아니라 웃는 얼굴로, 적어도 방긋방긋 웃어

주면 좋겠네요. 말이 통하고 있어도, 지금도 그런 식의 순간도 있으니까.

사회복지사: 그렇군요, 어머니의 그런 온화한 미소를 볼 수 있다면, 카즈오씨 자신은 어떤 식으로 지낼 수 있을까요.

카즈오: 어떠냐고 말해도…….

사회복지사: 지금의 어머니께 되뇌어서 말해도 괴롭거나 초조하다, 그런 생활방식 대신에 어떤 생활방식이 가능할 것 같나요? 조금이라도 카즈오씨가 안심하고 생활할 수 있으면, 예를 들면 지금과 다르게 어떤 것이 가능해질까요?

카즈오: 그렇네요. 음, 지금과 다르게 말이죠. 그렇군요. 사실은 온천 같은 곳에 가고 싶지만 우선 무리니까, 적어도 집에서 장시간 목욕이 가능하다면 좋겠다고 생각합니다. 그리고 그렇네요, 밤에는 느긋하게 반주를 한다든가. 아니 가끔은 마시기도 하는데요. 별로 맛을 느끼며 마시지는 못하니까. '맛있다' 라든지 생각하고 반주하거나 텔레비전을 보고 '재미있다' 라든지 생각하면 좋겠다고 생각합니다.

사회복지사: 지금은 느긋하게 들어가기도 어려운 욕실에서 휴식을 보내거나 반주나 밤에 텔레비전 보는 시간을 즐기는 것이 가능하다면 좋겠네요.

저자 소개

소에다 아케미(副田あけみ)

1979년 도쿄대학 대학원 교육학연구과 박사과정 수료

현) 칸토학원대학 문학부 교수, 도쿄도립대학 사회복지학과 명예교수

〈주요 저서〉

고령자와 복지(편저, 일본도서센터, 2010), 사회복지연구방법(공저, 아이카와쇼보, 2010), 사회복지 기록(편저, 세이신쇼보, 2006), 사회복지원조기술론(세이신쇼보, 2005), 사회복지실천모델(편저, 카와시마쇼보, 2005) 외

츠치야 노리코(土屋典子)

2010년 도쿄도립대학 대학원 사회과학연구과 박사과정 수료

현) 릿쇼대학 사회복지학부 전임강사

〈주요 저서〉

케어매니저가 알아야 할 기록 방법(세야출판, 2012), 사회복지모델에 의한 고령자 학대 대응 실천 가이드(공저, 중앙법규출판, 2010), 케어플랜 문장예문모음(세야출판, 2008), 케어플랜 작성법, 서비스 담당자 회의 진행법(공저, 세야출판, 2003) 외

나가누마 하즈키(長沼葉月)

2004년 도쿄대학 대학원 의학계연구과 박사과정 졸업

현) 수도대학 도쿄도시교양학부 준교수

〈주요 저서〉

앞으로의 아동이 있는 가정의 소셜워커·전문가 양성의 실천(공저, 미네르바쇼보, 2010), 수험생, 마음의 텍스트』(공저, 카도카와학예출판, 2006), 가족이 지원하는 섭식장애(공저, 보건동인사, 2005) 외

역자 소개

이영분(Lee, Young Boon)
이화여자대학교 대학원 사회복지학과(사회복지학 박사)
현) 건국대학교 사회복지학과 명예교수

〈주요 저서〉
한국사회복지실천의 고유성(공저, 집문당, 2013)
해결중심 단기치료(공저, 학지사, 2008)

김현훈(Kim, Hyun Hoon)
日本社會事業大學 大學院 사회복지학연구과(사회복지학 석사)
현) 사회복지법인행복창조 대표이사

〈주요 역서〉
야간대응형 방문수발이 노인복지의 미래를 연다(역, 양서원, 2008)
일본사회보장의 재구축(역, 공동체, 2011)

조추용(Cho, Chu Yong)
日本 佛敎大學大學院 사회학연구과(사회학 박사)
현) 꽃동네대학교 사회복지학부 교수

〈주요 저서 및 논문〉
노인복지론(공저, 창지사, 2015)
황혼동거에 나타난 사랑과 생활(노인복지연구, 제58권, 2012)

노인학대 방지를 위한 가족지원기술

2015년 10월 15일 1판 1쇄 인쇄
2015년 10월 20일 1판 1쇄 발행

지은이 • 副田あけみ · 土屋典子 · 長沼葉月
옮긴이 • 이영분 · 김현훈 · 조추용
펴낸이 • 김진환
펴낸곳 • (주)**학지사**

      121-838 서울특별시 마포구 양화로 15길 20 마인드월드빌딩
대표전화 • 02)330-5114   팩스 • 02)324-2345
등록번호 • 제313-2006-000265호

홈페이지 • http://www.hakjisa.co.kr
커뮤니티 • http://cafe.naver.com/hakjisa

ISBN 978-89-997-0814-5 93330

정가 17,000원

역자와의 협약으로 인지는 생략합니다.
파본은 구입처에서 교환해 드립니다.

인터넷 학술논문 원문 서비스 **뉴논문** www.newnonmun.com

이 도서의 국립중앙도서관 출판시도서목록(CIP)은 서지정보유통지
원시스템 홈페이지(http://seoji.nl.go.kr)와 국가자료공동목록시스템
(http://www.nl.go.kr/kolisnet)에서 이용하실 수 있습니다.
(CIP제어번호: CIP2015026556)